不易流行

時代を超えて
受け継がれる
名将の人間教育

元川悦子 著

はじめに

全国高校サッカー選手権大会が100年を超える歴史を刻んできた通り、高校サッカーが日本サッカーの成長・発展にもたらした影響は少なくない。93年にJリーグが発足して32年目。日本代表は過去7回のワールドカップ（W杯）出場を誇っているが、今もなお高体連出身選手が数多く日の丸をつけて戦っている。

その礎を築いた功労者の1人が、帝京を6度の選手権王者へと導いた名将・古沼貞雄元監督。そこに異論の余地はないはずだ。

古沼先生は1939年生まれの85歳。東京都江戸川区出身で、日本大学文理学部体育専修を卒業。前回東京五輪が開催された1964年に帝京の体育教師となり、翌65年からサッカー部監督に就任した。

自身は本格的なサッカー選手経験がなく、箱根駅伝を目指して走っていた元ランナーだったが、「シンプル・イズ・ベスト」の哲学を貫き、堅守速攻スタイルを突き詰めて、選手権6回・高校総体3回のタイトルを獲得。帝京を日本一の強豪校に引き上げることに成功したのである。

はじめに

古くは早稲田一男、金子久、宮内聡らに始まり、Jリーグ初期に活躍した本田泰人、森山泰行、そして2002年日韓W杯に参戦した中田浩二など数々の日本代表選手を送り出した古沼先生。親交のある岡田武史・元日本代表監督は「なかなか本心を見せないたぬき親父」と愛情込めて評したが、浦和南・松本暁司監督、国見・小嶺忠敏監督ら昭和の名将たちを上回るためには、さまざまな駆け引きもあっただろう。

選手の成長、チームの勝利に全身全霊を注ぎ、切磋琢磨を繰り返したことで、日本の選手たちをレベルアップさせたのは紛れもない事実。彼らのような熱血指導者がいなければ、100人超の日本人が海外へ出ていく時代が訪れることはなかったに違いない。

その教え子の筆頭と言えるのが、熊本県立大津高等学校の平岡和徳テクニカルアドバイザー(TA)だ。平岡TAは65年生まれの59歳。熊本県松橋中学から81年に帝京へサッカー留学し、3年だった83年度の選手権で帝京4度目の頂点に立っている。

平岡TAがキャプテンを務めたチームには、のちにJリーグで活躍する前田治、広瀬治ら有能な選手が揃っていたが、決勝でぶつかった清水東も史上最強軍団と言うに相応しい陣容だった。勝沢要監督が率いるチームには長谷川健太、大榎克己、堀池巧の「清水・三羽ガラス」がいて、1年の武田修宏も擁していた。

加えて言うと、帝京は1年前の82年度の選手権準決勝で同じ清水東と対戦。長谷川健太の一発で涙を呑んでいた。そのリベンジを東京・国立競技場に6万人超の大観衆が見守る中、やってのけたのだから、インパクトは大きかったのだ。プロリーグのなかった当時、選手権はサッカー界最大のイベントだったから、注目度も凄まじいものがあったのだ。

歴史的偉業を果たした古沼先生と平岡TAの絆は強く、その後も師弟関係を長く継続。古沼元監督が帝京を退いた後、アドバイザーとして全国各地の強豪校に赴く中、大津にも頻繁に顔を出していた。大津の山城朋大現監督、日本代表の谷口彰悟、元代表の植田直通らが高校生だった2010年代前半はかなりの頻度で熊本に赴き、直々に彼らにも指導をしたという。

平岡TAは恩師である古沼先生から叩き込まれた帝京魂、そしてシンプルやダイレクトの重要性をベースに、筑波大学で体得した戦術や指導理論、自身が教師となってから現場で得たさまざまな経験を加えながら、大津スタイルを確立させていった。

「凡事徹底」「年中夢求」「24時間をデザインする」「広告を出さずに行列のできるラーメン屋」といったユニークなキャッチコピーは平岡TAが自ら打ち出したもの。アイデアマンの一面も、古沼先生から受け継いだところが多分にあるようだ。

「平岡先生は自分自身が帝京時代に体験した『理不尽が人を育てる』というアプローチを大津でも引き継いでいたように感じます」と植田も冗談交じりに語っていたが、古沼・平岡ラインが四半世紀超の長い時間をかけて高校サッカー界にもたらしたものは非常に大きかったと言っていい。

　とはいえ、昭和、平成、令和と時代が変わり、旧来のやり方をそのまま現場の中に持ち込むことが難しくなってきた部分もある。試合に負けた選手たちを罰走させたり、ガミガミと怒鳴ったりはもっての外。かつてのスポーツ界では当たり前だった長時間練習や３６５日休みなしの活動ももはや不可能となった。

「何かに抜きん出ようと思うなら、他の人よりも努力をするのが当たり前」という考え方が根強かったかつての指導者から見れば、１回当たり60～90分しかないトレーニングは少なすぎると感じるかもしれない。が、学業そっちのけでサッカー、部活だけに邁進するような猛烈な高校生活を求めても、今の子供たちや保護者は受け入れられないのだ。

　ＩＴ技術やＳＮＳの普及などもあって、過去には考えられなかった問題も起きるようになってきた。普遍的な部分を大事にしつつ、新たなスタイルを模索していく、まさに「不《ふ》易《えき》流《りゅう》行《こう》」の取り組みがこれからの部活動や教育現場に強く求められているのだ。

それは古沼先生や平岡TAも痛感するところだという。彼らが未来のサッカー界や教育現場に向けてどんなビジョンを持ち、何をすべきだと考えているのか。それを今、このタイミングで強く打ち出す必要性がある……。そう強く感じたことが、本書を手掛けるようになった大きなきっかけである。

30年もの長きにわたってお世話になった古沼先生も80代半ばになり、「前みたいに全国各地を飛び回れなくなった」「いつどうなるか分からないよ」などといった弱気な発言を耳にすることが多くなった。体調が悪い日も増えたという。

そんな今だからこそ、筆者は「古沼先生が長年、やってきたことをしっかりと残さなければいけない」という思いに駆られたのだ。

実際、古沼先生も何かを残したいという思いが強まっていたようだ。アドバイザーを務めている矢板中央高校で、2022年度に指導した選手たちにはさまざまな思いを記した手書きの資料を作成し、配布したという。その一部を、本書の「古沼貞雄の言葉」内で掲載している。そのまっすぐな言葉や文字に、是非目を通してほしい。

「あの時は『矢板のこの子たちで指導者人生が終わるんじゃないか』と思っていました。体の具合も悪くてね……。だから、俺が死んだ後、何かの形で言いたいことが伝わればいいと思って、30人くらいの選手に渡していました。

その中から1人か2人でも、30年後に『週末になると東京から教えにきてくれた白髪頭の先生がこんなことを言っていたな』と思い出してくれればいいかなと感じたんです。この他にも、講演会で登壇する際のメモ書きや、毎朝目を通す新聞から学びになる記事の切り抜きをまとめた雑記帳も作ってます。それは結構な冊数になったかな。この歳になると書く作業も大変ですけど、『何かに役立てばいい』という一心で取り組んでいましたね」

命を賭した恩師の切実な思いを、間もなく還暦を迎える平岡ＴＡもどこかで感じ取っていた。だからこそ、「古沼先生の言葉を残す本を作りたいから手伝って」と筆者に打診してきたのだろう。そんな恩のある方々への感謝を形に残したいと思い、２０２３年から本格的に動き始めた。２人のところには何度も通って話を聞き、含蓄ある言葉とサッカーへの飽くなき情熱に触れた。そのたびに、大きな刺激を受けたものである。

昨今は教育現場や部活動の現場で迷い、悩み苦しんでいる人々も少なくない。部活動をどう運営していくかで苦慮している地域もあるだろう。そういった人々に本書は何らかのヒントを与えてくれるのではないか。多くの読者に「古沼・平岡メソッド」に触れ、現状を打開するきっかけを得てほしいものである。

目次

第2章 〝公立の雄〟を取り巻く状況

第3章 部活動の価値

第4章 名将の人間教育

第5章

特別対談 古沼貞雄×平岡和徳 子供たちの未来を輝かせるために

第1章

新たな時代の到来

1　義理人情と合理性

昭和の教育は「不適切にもほどがある」？

２０２４年１〜３月に放送された宮藤官九郎脚本のＴＢＳ系ドラマ「不適切にもほどがある」が日本中の話題をさらったことは記憶に新しい。

コンプライアンス（法令や倫理、社会規範を遵守すること）が厳しい令和時代の２０２４年と、そうではなかった昭和時代の１９８６年を舞台とするタイプスリップもので、学校教育現場や社会全体の価値観の違いが鮮明に表現されていたのだ。

例えば、部活動のシーン。主役の阿部サダヲが高校教員かつ野球部の指導者で、「水を飲むな」と平気で言ったり、全員にケツバット（お尻を出させて一人一人、バットで叩いていく懲罰）をしたりと、今では考えられない描写がいくつも出てくる。

昭和世代は「懐かしい」と感じるが、平成・令和世代から見ると「あり得ない」となる。そのあたりのギャップが非常に印象的だったと言っていい。

熊本県立大津高等学校でテクニカルアドバイザー（ＴＡ）を務める平岡和徳・宇城市教育長も、40年近い時間の経過とともに、学校や部活動を取り巻く環境が激変したことを痛感する１人だ。

「僕が故郷・熊本から単身上京した１９８０年代は『水飲むな』は当たり前。古沼（貞雄＝帝京元監督）先生に『(東京都北区にある学校から10キロ程度離れた）戸田橋までちょっと走ってこい』と言われるのは日常茶飯事でしたし、夏の菅平合宿では42キロの猛烈な走りを課されることも定番でした。

『マラソンなんかやって、サッカーに何の関係があるの』と言いたくなるし、実際に愚痴を言う生徒もいましたけど、帝京に入った以上はそれを乗り越えないといけない。そうしなければ、レギュラーになれないし、高校総体にも高校サッカー選手権にも出られない。そう肝に銘じ、歯を食いしばって懸命に取り組んだ記憶があります。

そうした中で、僕が思い至ったのは、『理不尽は人を育てる』『多少、つらいことがあってもなんとかなる』ということ。菅平の合宿中なんか、朝練・午前練・午後練・夜練の４

部練も当たり前。それでもできたのは『このハードルを超えれば、必ずその先の進化につながる』という確信があったから。スーパースターの早稲田一男（元日章学園監督）さん、80年代に日本代表として活躍した金子久（元古河電気工業サッカー部）さんや宮内聡（元日本女子代表監督）さんのような先輩も帝京からは出ていましたし、自分もそういう領域に到達できると信じていたから、できたんだと思います」

平岡TAがしみじみ言うように、当時は「しごき」や「追い込み型練習」はスポーツの指導現場では当然のように行われていた。ラグビーの名フランカーだった山口良治監督率いる伏見工業高校ラグビー部の全国優勝までの7年間をベースに脚色されたテレビドラマ「スクール・ウォーズ」が84年に放送され、一世を風靡したが、その中にもケンカやいじめ、怒鳴り合いや体罰といったシーンが普通に出てきて、視聴者もすんなり受け入れていた。

しかしながら、平岡TAが筑波大学に進み、地元・熊本で教員生活を始めてから、世の中の流れが徐々に変化していく。平成の時代には不登校が増加し、体罰に対するアレルギー反応も強まった。平成初期はまだサッカー強豪校でも監督が怒鳴ったり、手を出すような場面も散見されたが、そういった指導者側の対応を厳しい目線で見る向きが年々、強まっていったのだ。

「僕が若手教師だった80年代後半から90年代にかけては、タバコを吸ったり、練習をサボって女の子と街を歩いたり、夜中にカラオケに出かけるような選手が何人もいました。それを自分が見つけて『二度とやらないと誓え』などと涙をこらえながら叱ると、『先生ありがとうございました』と本人も涙を流して反省する……。そんなケースも少なくなかったです。昭和から平成にかけての頃は『義理と人情』が自然と生まれていたのかなと思います」と平岡TAは30年ほど前を懐かしそうに振り返る。

インターネットの功罪

「それが少し違った方向に行き始めたと感じたのが、2000年代。インターネットが普及し、スマートフォンが誕生したことで、面と向かってコミュニケーションを取らなくても物事を動かせたり、人との関係を構築できたり、感情をぶつけたりすることができるようになったと思います」

平岡TAが指摘するように、インターネットとスマホの普及は学校教育現場や部活動の現場も激変させた。学校内でネットを通じた陰湿ないじめが起きたり、教師に対する批判が公然と行われるようになったのだ。

集団行動が前提のスポーツ活動に目を向けても、表面的には黙って参加している選手が不満をネット上に書き込んだり、あらぬ噂を立てることが可能になったのである。

実際、２０００年代に存在した「2ちゃんねる」、組織や団体に属する関係者が秘密裏に作る「裏サイト」などは悪意のはけ口になっていた。そこに外部の人間や保護者なども関わってくれば、もはや収集がつかなくなってしまう。

特にＦａｃｅｂｏｏｋ《フェイスブック》、Ｔｗｉｔｔｅｒ《ツイッター》（現在はＸ《エックス》）、Ｉｎｓｔａｇｒａｍ《インスタグラム》といったＳＮＳが普及した２０１０年代以降は「人の口に戸は立てられない」のが当たり前になり、あらゆる面で疑心暗鬼になりがちな状態が生まれたと見ていいだろう。

「ネットやスマホ、ＳＮＳの普及によって、個人が自由に伸び伸びと発信できる場が生まれたのはいいことだと思います。大津高校も公式ＨＰを開設し、選手スタッフの紹介や活動報告、部のスローガンや理念を広く伝えられるようになりました。

我々は『進化するブルー軍団』というチームコンセプトを基に、『凡事徹底』『年中夢求』『24時間をデザインする』といったワードを使いながら、『諦めない才能を育てる』ということに注力しているチーム。それを日本中のサッカーファンや関係者に知ってもらえたのも、公式ＨＰの存在やネットの発達によるところが大きい。そういう意味では、ポジティブな要素も少なくないと思います。

しかしながら、集団から少し離脱したり、頑張り切れなかった選手が、必死に頑張っている他の仲間の足を引っ張るような事態も起きてしまっている。ネガティブな情報を匿名で書き込める環境になったことは、本当に難しいと受け止めています」

平岡ＴＡが顔を曇らせるように、匿名の非難は、根拠がないまま、どんどん拡散されていく。それがネット社会の怖さでもある。

ある人が「大津のサッカー部は裏で何をやっているか分からない」「実際は結構エグイ」などという発信をしたとすると、それが一気に広がって、批判的な目線で見る人に取り囲まれるような事態になりかねない。

それが発端となり、ひいては「部活動はブラックだ」「令和の時代に部活動なんかやる意味があるのか」といった極端な意見に発展することもあり得るだろう。

「そういった流れが、純粋に競技力向上や人間的成長を求めている大半の選手の妨げになりかねない。そこには憂慮しています」と平岡ＴＡも不安視する。それは部活動に関わる全ての指導者、関係者の懸念ではないだろうか。

学校現場の悩みとしてより深刻化しているのが、匿名の批判や非難がいじめや自殺といった最悪の方向につながるケースも少なくないことだ。

文部科学省が2022年に実施した「児童生徒の問題行動・不登校調査」によると、不登校の小中学生は過去最多の約29万9000人。前年度比22・1%の大幅増となった。うち学校内外の専門機関に相談していない児童生徒も過去最多の約11万4000人。いじめは小中高などで合計約68万2000件が認知され、被害が深刻な「重大事態」は923件。いずれも過去最多という喜ばしくないデータが明らかにされた。

小中高生の自殺者も2022年は過去最多となる514人（厚生労働省ほか）。この全てがいじめによるものではない模様だが、少子化時代の今、生きる希望を失って死を選ぶ子供が増加しているという事実を真摯に受け止めるべきだろう。

そういった実情を踏まえながら、教員や指導者は日々、最善策を模索し続けているのである。

コロナ禍で普及したオンラインツール

このように通信・発信ツールが飛躍的に進化し、教育・社会問題も多様化した平成の時代が過ぎ、2019年から令和がスタート。我々はいきなりコロナ禍に直面した。

2020年4月には最初の緊急事態宣言が出され、全ての社会活動がストップ。学校も休校になり、部活動も3カ月程度は休止という前代未聞の事態に追い込まれたのだ。

その間に役立ったのが、オンラインツールである。

対面で会って話したり、一緒に部活動ができない中でも、組織運営は続けなければいけない。平岡TAが教育長を務める宇城市などでは、1人1台の情報端末・電子黒板・無線LANなどの情報通信技術（ICT）をいち早く導入。義務教育の各学校に全員分のタブレットを配布して、ICT化を推し進めたという。大津高校サッカー部も選手管理のためにITツールを導入し、情報集積やチームの意思疎通を進めている。

現在、チームの指揮を執っている山城朋大監督が次のように説明する。

「もともとサッカーノートの記入・提出というのは、部員の義務として長く行われています。私が大津高校の生徒だった2010年代前後にも存在しました。

もちろんその頃は紙による記入で、濃野公人（鹿島アントラーズ）がキャプテンを務めていた2019年まではファイリングして提出してもらう形を取っていました。

しかしながら、2020年からのコロナ禍でそれができなくなった。そこで、最初はワンタップスポーツという管理ツールを取り入れ、1年間使うことにしました。選手の体調やケガを瞬時に把握できますし、やるべきことを明確にするという意味でも大変、役立ちました。

その後、2021年からベネッセが出しているクラッシーというツールのポートフォリオ機能を使い始めました。それだとゲームの反省や分析、次の試合に向けての目標や課題などを書き込んで管理するのがスムーズになるという判断からです。

さらに、2023年からはグーグル・フォー・エデュケーションに移行。大津高校の生徒が1人1台、タブレットを持つようになったので、グーグルの方が使い勝手がよくなったということが大きかったですね。こうしたツールを使うのが当たり前になって、合理化できた部分もかなり多いと思います」

自分の意見や考えをITツールに書き込んで、仲間同士や監督・コーチと共有するといった現状は、昭和の時代には考えられないこと。指導者側もICTスキルを向上させなければならないし、それを通して生徒や保護者の考えや悩みを理解し、対応策を考えなければならなくなった。その負担は決して少なくないだろうが、時代に合わせていかなければ、子供たちに歩み寄ることはできないのだ。

個性を尊重するという意味では、むしろ、こういったツールを使った方がプラスの部分もあるかもしれない。2021年夏に行われた東京五輪でソフトボール日本代表を率いて、2008年北京五輪以来の金メダルを獲得した宇津木麗華監督も、オンラインミーティングを有効活用しながら、チームの結束力を高めた1人である。

「リモート活用の一番の変化は、選手たちが積極的に発言するようになったことですね。大人数が一堂に会するミーティングだと、どうしてもお互いの顔色を見ながら、考えていることを探り探りになりがちです。でもリモートだと他人が周りにいないので、リラックスして喋れる。人がいることで緊張する選手にとっては意見を言いやすくなる。効果は絶大でした」

これは実際に宇津木監督が話していたこと。それが今の時代の若い世代の特性にマッチしたやり方だったのだろう。ある意味、〝令和流〟のアプローチが学校の授業や生徒指導、部活強化にも必要なのではないだろうか。教育に携わる者、そうでない者を含めて、子供たちを見守る大人たちが旧態依然とした価値観を変えていく努力をしなければいけない時代になったのは紛れもない事実。そこはしっかりと受け止めておくべきだ。

古沼貞雄の言葉

『人間社会は理不尽である』

令和の時代になり、理不尽な教育やスポーツ指導がより問題視されるようになりました。「理不尽」という言葉にアレルギー反応を起こす人も少なくないかもしれません。

しかしながら、私は人間社会に理不尽は必然的に備わっていると考えています。人は生まれながらにして家庭環境が異なります。豊かな両親に生まれる子もいれば、貧しい家庭で歯を食いしばって育つ子もいる。成長する場所が高層ビルが立ち並ぶ大都会と自然豊かな地方では、違った感性が養われるでしょう。人生のあらゆる面で理不尽というものは存在するのです。

サッカーにおいても、最初から左右の足で上手に蹴れて、長短のパスを自在に出せる天才肌の選手もいれば、足元の技術は今一つでもガッツは誰にも負けない選手もいる。体は小さいけど、チームのために献身的に動き回れる選手もいる。一人一人に長所と短所があるから面白い。それは世の中、人間社会と相通じるところでしょう。

練習の一環に素走りがあります。走ることが得意な子は嬉々として取り組むでしょうが、苦手な子は「先生は、なぜそんなバカげたことを自分にやらせるのか」と不満を持つこともある。不満を持つ時点で理不尽は生まれている一方で、不満を乗り越えることが未来へと繋がっていくのです。

私が帝京で監督を務めていた頃、夏休みの菅平合宿の定番は最終日の42キロのマラソンでした。今の時代だったら「何の意味があるのか」「そんな過激なことをやらせるな」と保護者や関係者からお叱りを受けるかもしれませんが、必死に走ることで自分の限界を超えることができる。途中棄権して車に乗せられると、仲間が走っている姿を見て屈辱感を味わい、「来年は絶対に完走するんだ」という闘志が湧いてくる。一見、理不尽と見られがちなことでも、高い目標に向かって努力をすれば新たな発見がありますし、自分を掻き立てる材料にもなるでしょう。私はそれを伝えたくて、あえて厳しいメニューを課してきたつもりです。

日々のトレーニングも、自分の得手不得手を頭に入れつつ、長所を伸ばし、課題を克服するために行うもの。困難に直面したり、失敗を繰り返したりするからこそ、それを乗り越えるべく、懸命に練習に向き合うべきなのだと私は考えます。

ヘディングが得意な長身選手だったら、自分のチームの中ではつねに頭で競り勝てるかもしれないけど、試合になれば必ずしもそうとは限りません。対戦相手にはもっと大柄なＤＦがいるかもしれないし、小柄な選手でも徹底マークしてくるかもしれない。そういう環境下で普段やっていることがそのまま出せるとも言いきれない。１つのストロングに頼っていたらダメで、足元のコントロールやフェイント、仲間の連携やコンビネーションなどいくつかのバリエーションやアイデアを身につけないと、得意のヘディングも生かされなくなってしまいます。

理不尽を通してそういう難しさを知ることで、大きな成長につながります。プレーの幅を広げることは、自分自身の対応力、人間力を高め、チームへの貢献度を高めることにもつながります。時代は変わり、サッカーを取り巻く環境も考え方も変化していますけど、生きるうえで理不尽を排除することは決してできない。それを自覚して、我々は前進していくべきではないでしょうか。

トレーニングの目的

◎ 技術、戦術の正確度・速さを常に向上させること!!
今が一番をめざす。　精神

◎ 得意技をみがく!!

◎ しかし、ひとつの技に頼ってはならない!!
ひとつの技、同様の技でも、いくつかのバリエーション、
アイディアによって、数パターンが生じる。
いろいろな方法あり、従って、完成度を高めること!!
対応力を身につけておくこと大切。

◎ ひとつの技・戦術でも、相手が変れば、当然のこと。
タイミング、プレーの出し方等も変る・試合の中で
ポジション的、スペース、数的などなど、その時々
次第で、プレー展開する。そうした状態の折、いち速く
判断・理解して、結果を出す事がポイントである。!!
ボールを止るにしても、ダイレクトであっても、どこにボールを
コントロールするのか、どうすれば良いのかと常にベストの
状態を作る。

※ 日々トレーニングが大切なのは、一度・二度上手に出来た事が、
次の場面でも上手に出来る保証はない。むしろ困難。
失敗だからこそ常にトレーニングは懸命に、集中力を高め、
気力で、たくさんの技を磨く。練習をするのです。

※ 幼いころから、サッカーでも、他のスポーツでも同じこと。
キック（蹴れること）左、右同様に技を出せることベスト
そして、初めて、サッカーにふれた時から、技術、戦術
はどこまでも延長線上にいる訳けです。
どんな状況にも対応できることが、必要で、プレーの巾を
広げること（技を増すこと）が課題である。

10

矢板中央高校サッカー部配布資料

2　すべては家庭教育からはじまる

息子として、親父として

令和時代の今、親子関係が希薄だったり、家庭教育が十分にできていないといった話をよく耳にする。周りに目もくれずに、『ウチの子さえよければそれでいい』といった態度を堂々と示してくる保護者も学校教育現場では増えているという。

平岡ＴＡは、自分自身が育った約50年前の親子関係、地域との関わりを懐かしそうに振り返る。

「僕自身が育った昭和の時代は仲間同士、縦と横のつながりが非常に強かったと思います。熊本県松橋町（現宇城市）という田舎だったこともありますが、『誰かに支えてもらっている』という意識が強くありました」

１９６５年生まれの彼が幼少期を過ごしたのは60〜70年代。当時は三世代家族が多く、身近に親戚がいたり、地域コミュニティがあったりしていて、大勢の人が子供を見守る環境があった。

小さい子供がいたずらをしたら、町内の長老が「おい、コラ」と怒るのは当たり前。まさに「ＡＬＷＡＹＳ　三丁目の夕日」の世界観だった。そういう中で彼らは心配事を抱えることなく、安心して、真っ直ぐに学業とサッカーを追いかけていくことができたのだ。

「今の義務教育に目を向けると、子供を中心にして、家庭・学校・地域・行政という五者がいます。その関係性の中で人間力を培った生徒が高校年代に集まり、さらに高度な教育を受けて、社会に出ていく形になっています。

学校や地域、行政の『子供たちを健全に育てるべくサポートする』という意識は僕の子供時代より明らかに強まっていますが、源泉の一滴目はやはり親。それはいつの時代も変わらないし、家庭教育が何よりも重要なのだと感じます」

平岡ＴＡは自分の父親、息子・拓己（現鹿本高校サッカー部コーチ）さんとの関係から、親子関係を熟考する機会があったという。

「僕自身の話をすると、自分と同じ教員で学校長も務めた父が10年以上前に亡くなりましたが、田舎ということで仮通夜が行われました。そこに数えきれない教え子が夜通しやってきて、次々と手を合わせてくれました。それだけ多くの人にリスペクトされる父親を見て、人間とはどうあるべきか、どうやって育っていくべきかを自然と考えさせられたものです。

一方で息子との関係を言うと、息子が大津高校の生徒で僕の教え子だった時、ケガが続いてしまって、サッカーを諦めかけたことがありました。それを妻が病院に連れていった時にポロっと言ったもんだから、妻が驚いて『あんなことを言うから、もうサッカーはダメなのかな……』と涙ながらに僕に伝えてきたんです。

翌朝の朝練で、息子が僕を追い越しながら何事もなかったように『おはようございます』と挨拶してきたことに僕はカチンと来て『お前、産んでもらった母さんになんてことを言うんだ。心配させて泣かせるのは一番ダメだ。なんで俺に直接、言わないんだ』と語気を強めた。それで手を上げた。たった一度の親子喧嘩なんですが、僕にとっては最後に叩いた生徒が息子だったわけです。

結果的に息子には僕の真意が伝わって、サッカーをやめるという話はその後、一切言わなくなりました。それから自力でレギュラーの座を掴み、全国準優勝に副将として貢献してくれました。卒業後は早稲田大学へ進学し、教員になって指導を続けてくれています。

親子というのは感情がぶつかり合うこともある。僕も普通の親父なんですよね」と彼は苦笑いしていた。

問われる忍耐力

自らの経験を踏まえて今の大津サッカー部の生徒たちを見ると、「親子のコミュニケーションがしっかり取れていない」「親子関係が希薄」と感じるケースが皆無ではないようだ。子供と向き合う親の忍耐力が低下しているのと同時に、子供側も少子化や兄弟・友達が少ない影響が大きいのか、昔よりも我慢や耐える力が不足しているようにも見受けられる。

「我々の学校は土のグラウンドで練習しているんですが、今の時代は人工芝グラウンドで中学校までプレーしてきた選手が多い。となると、グラウンド整備を一度もやったことがないという選手も少なくありません。

そこで、彼らにトンボのかけ方や水たまりの水抜きの仕方を教えたりして、自ら進んでやるように仕向けるんですけど、一生懸命やる生徒が大半を占める中で『いち抜けた』『自分はやりたくない』と否定的な態度を取る人間も稀にいます。『嫌なこと、面倒くさいことから逃げ出したい』と考えるのは人間の性《さが》。ですが、そういうことに立ち向かい、乗り越えていかなければ、人間力というのは身につかない。何事も放り出すような態度や姿勢が積み重なっていくと、サッカーもうまくいかなくなり、進路も思うようにならず、親子でネガティブな感情がヒートアップすることもあり得る。それは一番あってはいけないことです」と平岡ＴＡは深刻そうな表情を浮かべる。

こういった生徒が極端な方向へ行くと「全部、学校のせいだ」などといった理不尽な恨みや怒りにつながらないとも限らない。負の連鎖というのは一度、陥ると歯止めが利かないところがあるからだ。

「そういった残念な事態を回避するためにも、源泉の一滴目である家庭教育を見直す必要がある。僕は強くそう思います」と平岡ＴＡは語気を強める。

植田直通「自分は大津なんで」

親子関係というのは、強固な信頼や絆で成り立っていれば、多少のことが起きてもびくともしない。確かにそういうものだろう。

昭和の頃は父親が子供を殴ったり、怒鳴ったりすることも少なくなかった。押し入れに閉じ込めたり、食事抜きにするといったことも普通に見られた。

子供側にしてみれば「なんでこんなことをされなきゃいけないのか……」と納得いかないものだが、一方で「お父さんの言っていることをやらなかった自分が悪い」と考え、反省し、謝るという行動に出る。そんな日常が繰り返されたのも、強い信頼関係がベースにあったことが大きかったのではないか。

その時代は学校の部活動もスパルタ式がまかり通っていた。親世代は指導者に文句を言ったり、注文をつけるようなことはほとんどなく「先生、ビシビシ指導してください」と逆にお願いしていたほどだ。高度成長期で子供の人数が多かったがゆえに、親が忙しく、子供の部活動にいちいち口を出してはいられないという事情もあっただろうが、「ウチの子なら大丈夫」「あの先生にお願いしておけば大丈夫」といった信頼が必ずどこかにあったはずだ。

そんなベースのうえで成功を収めたのが、古沼監督が率いていた頃の帝京ではないだろうか。

特に平岡TAは父親の反対を押し切って上京していたから、下宿先に両親が訪れたこともなければ、父から電話1本もかかってきたことがなかったという。それを不憫に思った古沼監督が高校3年最後だった1983年度の第62回選手権で決勝に進んだ際、宿舎に父を呼んで2人を会わせるという気配りまで見せたという。

「一度預けた息子は先生の思うようにやってください」というのが、当時の大半の親のスタンスだったのだ。

教員になってからの平岡TAも古沼流を受け継ぎ、「理不尽は人を育てる」と信じて取り組んだ。「俺についてこい」と先頭を走って、強引に選手を引っ張った時期もあったという。もちろんドイツ留学経験のある指導者・田嶋幸三氏（前日本サッカー協会会長）の下で学んだ筑波大学時代のコーチング理論、合理的指導法も生かしながら、現在に至る「凡事徹底」や「考動力」といった基本コンセプトを作り出していったが、最初の10年くらいは荒っぽいアプローチもしていたようだ。

若くエネルギーに満ち溢れていた指導者のやり方に、親の方も理解を示し、選手たちもしっかりとついてきた。それは90年代のみならず、2000年代、2010年代と長く続いた。

2010年代の生徒である現日本代表の谷口彰悟（シントトロイデン）、2018年ロシアワールドカップ日本代表の植田直通（鹿島アントラーズ）は平岡TAの下で大きく伸びた選手の典型例。とりわけ植田は昔ながらのやり方をポジティブに捉え、今も事あるごとに口癖のように話している。「多少の過密日程なんて問題ない。自分は大津なんで」とサラリと言ってのけることもあるほど、彼はタフさを前面に押し出しているのだ。

谷口や植田が好例ではあるが、まずはしっかりした家族に支えられ、学校・地域・行政にもサポートを受けつつサッカーに邁進し、日の丸を背負ってW杯に出場するまでになった。そうやってトップ・オブ・トップの地位を築いていた成功例が、平岡TAの大きな自信になっているのは確かだ。

多様性をつなぐスポーツの役割

飽くなき情熱を持って長年、教育やサッカー指導に携わってきた平岡TAだが、2023年10月に部内のいじめ問題に直面（第2章で詳述）。これまでの取り組みやスタンスを再考させられたという。

それでも、教育の源が家庭環境にあり、周囲が一丸となって支えていくべきという彼の確固たる信念は今も変わっていない。

「僕の田舎である宇城市は教育熱心な人が多くて、母校の豊川小学校には学校運営協議会というサポート組織が50年以上にわたって存在しています。月に1回は協議会が開かれ、『子供たちは地域の宝だから、みんなで育てていかなければいけない』という話が出ていますし、具体的な活動も話し合っています。そういった機運があれば、安心安全の環境に近づくと思います。昨今は核家族化が進み、都市部では地域コミュニティも消滅しつつあり、田舎に比べると難しい環境になっているのは間違いない。それでも子供たちをしっかり守り、健全に育てていく必要があると考えています」

それを具現化する大きなツールが、スポーツであり、部活動なのだ。

「スポーツにはルールとリスペクトが当たり前に存在しています。ルールに則ってフェアプレーをしなければいけませんし、相手チームの選手や監督、レフェリー、サポーターに対してリスペクトを忘れてはいけない。そういう素晴らしさを生かしながら、人間育成の環境を変えていくことができると思います。

しかも、スポーツには仲間との競争や切磋琢磨がありますし、共同や共鳴、力を合わせて1つの方向に向かっていくという大きな意味もある。多様性を重視する時代になっても、人と人とのつながりは世の中の軸にならなければいけないもの。それを学び、一緒に作っていける場がスポーツなんです。

特に部活動には先輩後輩もありますし、学校や保護者、先輩や地域の人々を幅広く巻き込みながら活動しています。ある意味、五者の典型なんです。断絶したと言われている世代間や人間関係をつなぐ力がある部活動は絶対になくしてはいけない。僕はそう考えます」

平岡TAが言うように、子供たちが誰かとつながって、しっかりとした絆を作っていれば、自殺や不登校、いじめといった最悪の方向は回避できるはず。スポーツの力を最大限有効活用するのが理想的だろう。

もちろんスポーツを取り巻く組織、部活動の運営も令和の時代に合わせて変化していく必要はあるが、改めてその価値に目を向けてみることも大切ではないか。

それは「監視」か「見守り」か

子供たちの健全な成長を考えるうえで、親子関係を再構築していく必要がある。このことは、平岡TAのみならず、多くの学校関係者・部活動に携わる人々が感じるところだろう。

その障害となるのが、スマホという文明の利器である。

前述の通り、ネットやスマホが普及する前と後では人間と人間のコミュニケーション方法が大きく変化している。昭和の子供がテレビばかり見ていたように、令和の子供たちはスマホばかり眺めるようになり、それを通してしか友達や仲間と会話しなくなるといった例も皆無ではないだろう。

「最近の調査（「令和5年度 青少年のインターネット利用環境実態調査」こども家庭庁）によれば、高校生で6時間、中学生で4時間、小学校5・6年生で3時間以上見ているというデータがあるんです。『何らかの情報を得る』とか『知らないことを調べる』といった前向きな方向に活用しているならまだしも、『見ないと不安』ということで、無意識に触ってしまっている子供も少なくない。メンタル面が不安だからスマホ依存になってしまうんです。

それは親の方も同じ。スマホがあることによって、子供のことが気になって気になって仕方なくなってしまっているように感じます。黒電話の時代だったら、遠くに離れている子供にいちいち電話をしないのが当たり前。そこには『目に見えない信頼』がありました。でも今はスマホがあるから、いつでもＬＩＮＥなどでメッセージのやり取りができる。それに依存してしまい、『連絡しているのに既読にならない』『返信も来ない』と不安が高まり、最後はＧＰＳをつけるというくらいの事態になりかねないと懸念しています」と平岡ＴＡは冗談交じりに言う。

そういった親が過干渉になり、モンスター化しがちなのは確か。子供を監視していないと気が済まなくなり、そこに立ちはだかる先生や指導者がいれば、「そんな悪者に子供を預けておけない」と過敏になる。親に子供は監視され、自由なこともさせてもらえず、どんどん自主性を失っていくといった悪循環も起こり得るだろう。

「大津サッカー部で奨励しているのは、子供の試合や練習を積極的に見に来てくださいということ。部員が２７０人もいるので、入れ替わり立ち替わりいろんなカテゴリーのチームが試合をしますから、それほど子供とコミュニケーションは図れないかもしれません。それでも、実際に自分の子供がどのようにサッカーに取り組んでいるのか、周りの生徒たちと人間関係を育んでいるのか、指導者とどんな関わり方をしているのかを見ることができます。スマホを通しての意思疎通よりリアルの方がずっと情報量が多いんです」と平岡

TAらは何とかして〝毒親〟を作らないように努力しているのだ。

かわいい我が子だからこそ鬼になる

大津サッカー部では「主体性・チャレンジ精神・コミュニケーション能力」の3つをテーマに掲げ、それを引き上げるべく努めているが、親が口を出せば出すほど、3要素を伸ばすことができなくなり、〝大人になり切れない高校生〟を増やす結果になる。それは親子双方にとって不幸なこと。

「かわいい子には旅をさせよ」ということわざもある通り、早い段階で親離れさせるように仕向けていくべきなのだ。

Jリーグ最多得点記録の191ゴールを記録し、2021年限りで現役引退した大久保嘉人（元川崎フロンターレ）の母・千里さんは、彼を国見中学校・高校に預けていた当時、北九州市からしばしば様子を見に行ったという。実際に息子に会うまでは「ちゃんとやってるかな」「ご飯をしっかり食べているかな」と心配が先に立つが、試合で負ける姿を目の当たりにすると、息子を鼓舞しなければいけないという気持ちが湧き上がってきて、「私らはここまで来とんのに、なんで負けてんか。二度と来んからな」と言い放って、車でそのまま帰ったこともあったと話す。

「嘉人がミラーのところにじっと立って、私とお父さんを見つめている姿がかわいそうで、こっちも涙が出そうでしたけど、心を鬼にして耐えました。子供に闘争心を出させ、強く逞しくしたいと思うなら、親は我慢しないといけない時もある。お父さんともよくそういう話をしていましたね」と大久保の母はしみじみと語っていたことがある。

彼とともに2010年南アフリカW杯に参戦し、ベスト16入りの原動力になった松井大輔（Fリーグ理事長）も、やはり京都から鹿児島実業高校に越境入学したが、高校2年の夏にあまりのハードな練習に嫌気がさして、実家に戻ってきたことがあった。そんな息子を見るなり、父・一雄さんは「先生に黙って戻ってくるのは筋道が通らない。これから鹿児島に帰るぞ」と息子を引っ張って、母・美幸さんと親子3人でその日のうちに下宿に戻り、松澤隆司監督に土下座したという。

かわいい子だからこそ、鬼にならないといけないときもある……。松井の両親はそんな心境だったのではないだろうか。

今の親世代はもしかするとそういった忍耐が足りない傾向にあるのかもしれない。スマホがあるからいつでも手軽に連絡が取れてしまう弊害もマイナス要素と言えるが、ここは一度、スマホを横に置いて、子供を自立させることを第一に考えてみる必要があるのかもしれない。

それが教育の一歩目であることを、我々は今一度、脳裏に深く刻むべきだろう。

『凡事徹底』

古沼貞雄の言葉

大津のスローガンとして定着している「凡事徹底」。パナソニックの創業者である松下幸之助さん、イエローハットの創業者である鍵山秀三郎さんが掲げ、広く知られたというのを本で見て、私が教え子の平岡君に伝えたのが始まりなんです。

それを強く意識したのは、帝京を退いた後。東京ヴェルディユースや流通経済大学付属柏、滝川第二、青森山田、帝京長岡、矢板中央などなど全国各地の高校で指導するようになってから。「当たり前のことを当たり前にやる」ということの重要性を改めて高校生に伝えたいと感じました。

サッカーをするうえで、蹴って、走って、ぶつかり合うことは当然ですけど、さわやかな心がけや心配りも忘れてはいけない。どんなにいい選手でも、挨拶や整理整頓といった日常生活がきちんとできていなければ、大きく成長するのは難しい。

先生や友達が笑顔で挨拶してきているのに返さなかったり、合宿や遠征先で食事を残して平気でいたりするような人間だと、やはり成功も遠のいてしまうと私は考えます。半世紀以上にわたって高校生を教える立場にいましたが、小さなことの積み重ねを大事にしていない選手がうまくいかなくなったり、伸び悩んだりする姿を間近で見てきました。それはサッカーにおいてだけでなく、授業や課外活動、社会に出てからも言えることです。つねに前向きに他者と接することができたり、周りが何を求めているかを察知して先回りして行動できるような人はどの世界でも愛され、重用されていくもの。私はそういう人材を数多く育てたいという思いから、日々の生活態度に目を配っていたつもりです。

帝京時代もさまざまな言葉がけをしてきました。当時は「今日の汗、明日輝く」という言葉が好きで、よく色紙に書いたり、講演でも話していたのですが、残念なことに全ての子供たちの耳に届くわけじゃない。仮に100人の生徒がいたとして、その全員に分かってもらいたいと願っても、実際には不可能なんです。

人の話をよく聞くタイプの選手の中には「監督、いいこと言うな」「今日の話は参考になるな」と感じた人間がいたかもしれないけど、「僕、監督の言うように、明

2022.4.9.

凡《ぼん》事《じ》徹《てっ》底《てい》

サッカーでは　あたりまえの事を、あたり前に!!

蹴って、走って、当って、

ささやかな、心掛け〜
（ほんの小さな心使いが人の心を打つ）
小さな幸せをつかむ

- 日常生活
- 清掃であったり
- 日々の小さな事
- スリッパの整頓
- 少ない、小さな努力
- 挨拶：言葉の使い方
- 笑顔の行動
- 食事をのこさない

※ 素足：タンパン ＝ 陸上選手：水泳選手

蹴って →
走って →
当って →
勝
← 走力
← プレースピード
← 球際の強さ
↑ 気力
↑ 気迫
↑ やる気

3

矢板中央高校サッカー部配布資料

日のために頑張ります」などと面と向かって言ってきた教え子は正直言って、1人もいませんでした（笑）。

指導する側の自分は「この中の1人か2人でもいいから、『昔、古沼から言われたことが今も自分を支えている』という人間が出てきて、先々につないでくれればいいな」と願いながら、言葉を一つ一つ投げかけたつもりです。中国の故事や日本の格言にしても、何千年も前から現在に引き継がれています。それは、どの時代に生きようと人間にとって必要なことだから、そういう重要な言葉が後世に伝承されていくんでしょう。

例に出した「凡事徹底」「今日の汗、明日輝く」といった言葉がそれだけの価値があるものなのか……。それは分かりませんけど、姿勢や考え方は必ず生きる糧になり、プラス効果があると信じています。些細なことかもしれませんけど、些細なことが一番重要だったりするものです。サッカーをする選手はみんな勝利を追い求めますが、技術・走力・プレースピードといった基本的な要素に加え、やはり気力や気迫、人間力といった部分は絶対に必要。限られた時間をムダにせず、地道にコツコツと取り組んでほしいと思います。

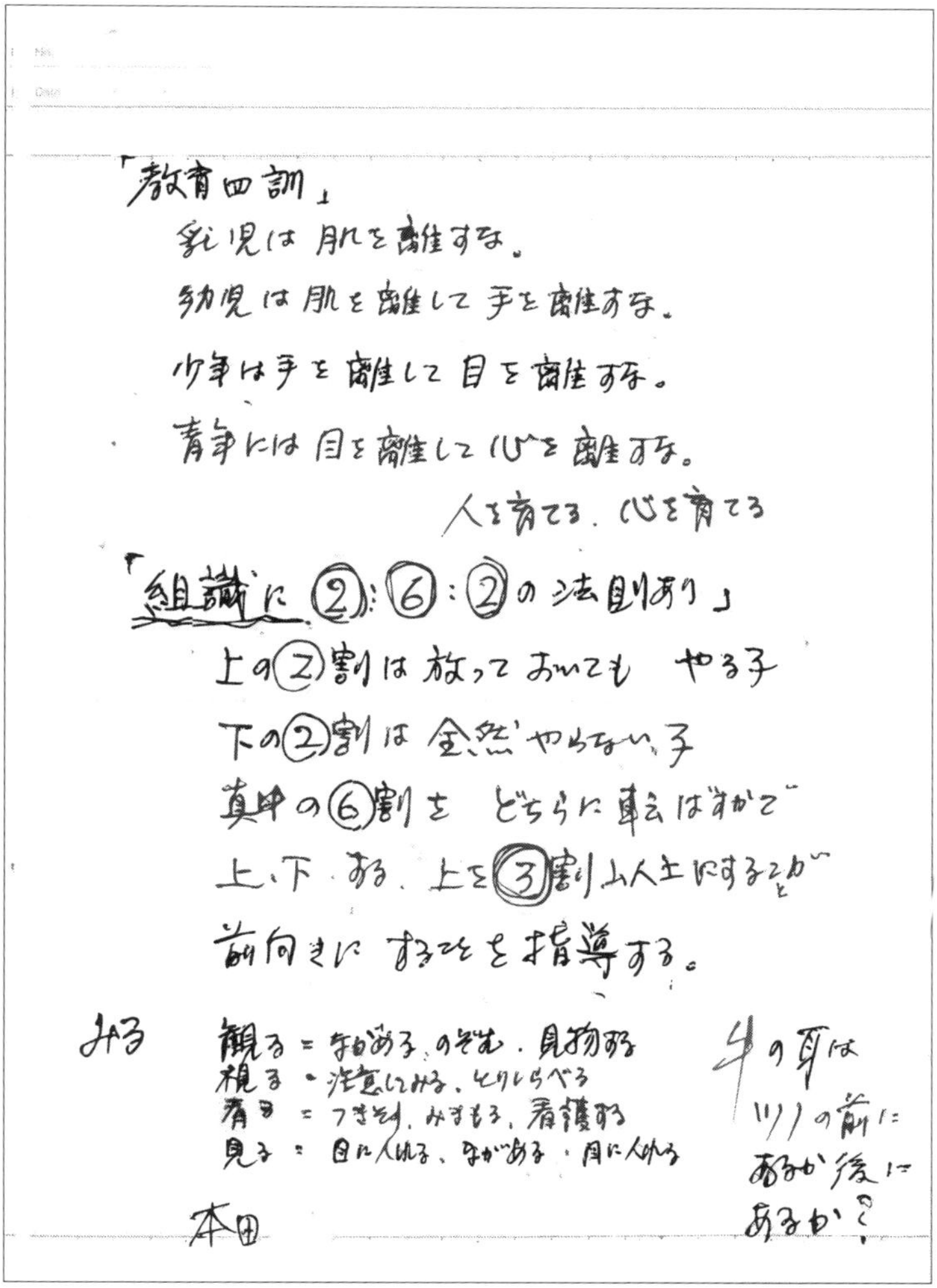
「教育四訓」
乳児は肌を離すな。
幼児は肌を離して手を離すな。
少年は手を離して目を離すな。
青年には目を離して心を離すな。
人を育てる、心を育てる
「組織に②：⑥：②の法則あり」
上の②割は放っておいてもやる子
下の②割は全然やらない子
真中の⑥割をどちらに転ばすかで
上、下する。上を③割以上にすることが
前向きにすることを指導する。
みる
観る＝ながめる、のぞむ、見物する
視る＝注意してみる、とりしらべる
看る＝つきそう、みまもる、看護する
見る＝目に入れる、ながめる、目に入れる
牛の耳は
ツノの前に
あるか後に
あるか？
本田

講演会用のメモ書き

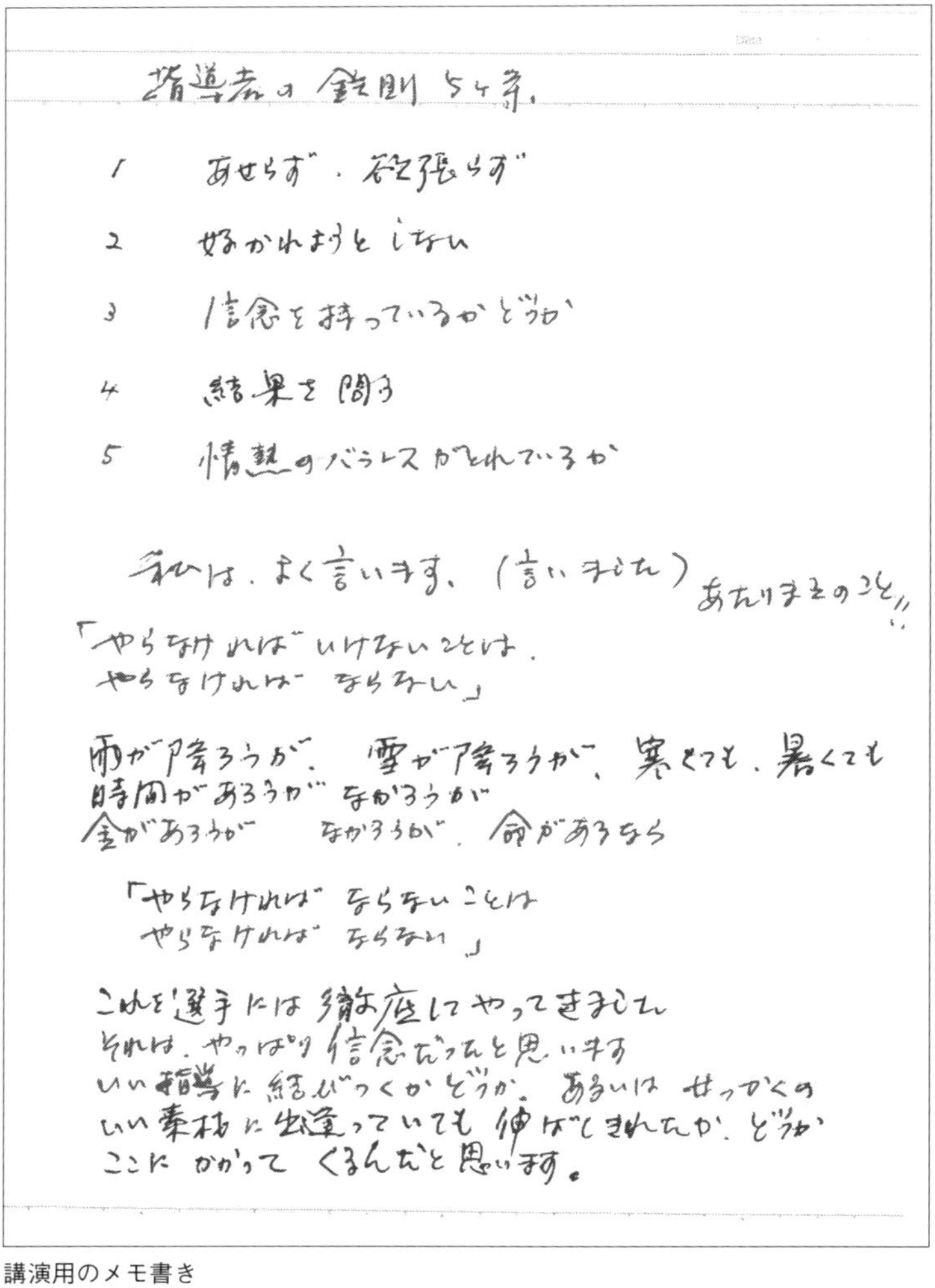
指導者の鉄則5ヶ条

1 あせらず・欲張らず

2 好かれようとしない

3 信念を持っているかどうか

4 結果を問う

5 情熱のバランスがとれているか

私は、よく言います。(言いました) あたりまえのこと!!

「やらなければいけないことは、
やらなければならない」

雨が降ろうが、雪が降ろうが、寒くても、暑くても
時間があろうが なかろうが
金があろうが なかろうが、命があるなら

「やらなければならないことは
やらなければならない」

これを選手には徹底してやってきました
それは、やっぱり信念だったと思います
いい指導に結びつくかどうか。あるいはせっかくの
いい素材に出逢っていても伸ばしきれたかどうか
ここにかかってくるんだと思います。

講演用のメモ書き

第2章

〝公立の雄〟を取り巻く状況

1 強豪校の悔恨

指導歴35年目にして起きた問題

「サッカー強豪校として知られる大津高校で2022年1月、当時1年生だったサッカー部員の男子生徒が全裸で土下座をさせられ、その様子を撮影されるいじめを受けていた」

熊本県教育委員会が2023年10月3日、この事案を『いじめ防止対策推進法に基づく重大事態』に認定したという一報は、日本中に驚きを与えた。

大津と言えば、ご存じの通り、60人以上のJリーガーを輩出してきた強豪校。土肥洋一（GKコーチ）、巻誠一郎（元ジェフユナイテッド千葉）、谷口彰悟、植田直通の4人が日本代表としてワールドカップ（W杯）に参戦するなど、日本サッカー界への貢献度も非常に高い。

「凡事徹底」や「年中夢求」「24時間をデザインする」など、1人の生徒として、サッカー部員としてやるべき基本を徹底しているチームだ。人間教育も重んじており、選手同士で協調性を持って切磋琢磨する環境ができあがっていると思われた。

現に、同校出身者は文武両道、人間性に優れ、社会的に成功しているOBも少なくない。そんな学校でいじめ問題が起きるとは、誰もが想像だにしていなかったはずだ。

高校側も対応に乗り出した。翌4日の臨時県立高校校長会で、白石伸一県教育長が「危機的な状況だ」と異例のコメントを出したのを受け、5日にはサッカー部と学校側が連名で「事態を大変重く受け止め、再発防止に努めていく」とお詫びのメッセージを発表。6日にはサッカー部の保護者会向け説明会を実施し、サッカー部の活動自粛という決断をするに至ったのだ。

「僕は35年間、高校サッカーの指導現場に携わってきましたが、このような出来事に直面するのは初めて。生徒のサインに気づかず、寄り添ってあげられなかったことに申し訳なく、心から猛省しています。

自分自身、今まで積み重ねてきたものが音を立てて崩れるくらいの衝撃を受けました」と平岡和徳TA（当時総監督）は神妙な面持ちで語る。

教育現場、部活動の現場はもはや昔ながらの感覚では成り立たない——。大津が直面した出来事は、そのことを強く考えさせられる事例だったのではないだろうか。

安心安全の部活動実現へ向けて

活動休止を決めた10月6日以降、学校は事実調査や再発防止策の検討・着手と並行して、部員たちの心のケアを最優先に考えなければいけないと判断。山城監督やコーチらが協力し、230人（当時）全員に対する個人面談を実施した。

確認した内容は、主に「今回の出来事をどのように受け止めているか」「困ったことや嫌なことはないか」「部の中で苦痛を覚えるような事に直面したことはあるか」といった点。サッカー以外の人間関係なども含めて、さまざまな角度からチェック作業を進めていった模様だ。

生徒側も動揺しているから、指導者との1対1では言いたいことを言えなかったり、口ごもる可能性もある。そこで必ず第三者に同席してもらい、内容を客観的に聞いてもらう環境を作った。話し方も生徒の性格を踏まえながら、慎重に言葉を選びながら対話するように努めたという。

その目的はやはり、安心安全の部活動が成り立っているかを再確認すること。それがなければ、再発防止や部の活動再開も実現しない……。そのくらいの厳しい認識を持って、スタッフ・教員らは生徒と向き合っていたはずだ。

大津サッカー部ではこの問題を機に、選手との面談・ヒアリングを定期的に行うことにした。彼らの場合、春から高円宮杯《たかまどのみやはい》プレミアリーグU-18ウエストなどリーグ戦がスタートし、6月には高校総体県予選、7月に全国高校総体、夏休み中はフェスティバルなどの遠征、9月以降もリーグ戦や高校選手権県予選、年末には選手権本大会とスケジュールが詰まっている。加えて、学生の本分である学業やテスト、模試や受験もあるから時間的余裕はそれほどない。

それでも、コミュニケーションをこれまで以上に密にすることが重要だとスタッフ全員が共通認識を深めており、限られた時間を有効活用しながら、年に2~3回ペースで個人面談を実施。風通しのいい環境作りを進めていったのである。

「大津では『主体性・チャレンジ精神・コミュニケーション能力』を三本柱にやってきましたが、それをより細部まで徹底させないといけないと改めて自覚を強めました。それ以外でも、僕は朝練の間に1時間程度歩きながら、選手の様子をチェックして、声をかけるようにしています。そうやって自分の考えていることを口に出しやすい雰囲気を作ろうと試みているんです。

昔は仲間同士の関係、上下関係含めて強烈な絆や一体感がありましたから、何か問題が起きると部の中で話し合って解決するという動きが自然発生的にできていました。

僕が帝京高校でプレーしていた１９８０年代なんかはまさにそう。『スクール・ウォーズ』というドラマが社会現象になったように、連帯責任意識は極めて強かったんじゃないかと思います。

ですが、少子化の今は大切に育てられている分、『自分が、自分が』という生徒が少なくありません。保護者も『自分の子供が一番』というスタンスを押し出す傾向が強く、献身性や協調性が低下してしまいがちです。

だからこそ、家庭との連携や協働、子供たちとのコミュニケーションを密にしていくことが肝心なんです」と平岡ＴＡも自戒を込めて言う。

関係者全員の成長

彼らがもう1つ、重きを置いたのが、保護者への対応だ。

前述の通り、問題が表面化してすぐに学校の緊急保護者会が開かれ、続いてサッカー部の保護者説明会も実施されているが、保護者は冷静に事態を受け止めていたようだ。

山城監督は次のように語る。

「学校で生徒と日々、向き合っている僕らとしては、生徒とのコミュニケーションの中で問題を解決していくことが理想です。そのためにも、保護者の方々に協力していただけるような信頼関係を日頃から築いておく必要があると改めて思いました」

しかし、昨今は保護者が一線を越える事例も少なくない。「なぜウチの子供が試合に使われないんだ」と疑問を呈したり、「監督の采配がおかしい」といったクレームをつけてくる保護者は少年サッカーを見ていても少なくない。着替えや道具を忘れて親に届けさせたり、何かと面倒を見てもらう子供も数多くいる。

そういった実情を勘案し、流通経済大学付属柏高校を長年指揮した本田裕一郎監督（現国士舘高校テクニカルディレクター）は「できるだけグラウンドに足を運んで、他の子供も応援してください」「試合の結果や内容の出来不出来を指摘しないでください」といった『親の十訓』（＊後述）を与え、入部の際には承諾をもらう形を取っていたこともあった。

こうした規律やルールを課した方が指導者側にとっては管理しやすくなるのは確かだが、マイナスに捉える保護者も当然いる。

大津の場合は公立高校ということもあって、私学の流経のように特別なフィルターをかけるわけにはいかない。スカウティングはせず入部を希望する生徒は全員入ってくる。最初から『親の十訓』のようなものを与えることで、保護者との距離が遠くなるような状況は望ましくないだろう。部活運営の正解は1つではないからこそ、本当に難しい問題だ。

それでも確かなことは、選手も指導者も保護者も成長しなければいけないということ。この三者が平等に、いい距離感を保ちつつ、信頼し合って部活動を進めていかなければ、夢や目標に到達することはありえない。大津のスタッフはそれを肝に銘じながら、休止期間の対応を進めていったようだ。

部員全員との面談を経て、学校側がその後の部活動をどうすべきかを検討し、10月23日には活動再開、選手権熊本県予選に出場することも明らかにした。同時に山城監督の退任と顧問への配置変更、宮崎祐介顧問の監督就任も発表された。これは部員たちにとってはショッキングな出来事だったに違いないが、チーム一丸となって前へ踏み出すことを決断したという。

こうして再出発した大津は県大会を勝ち進み、11月11日の決勝で熊本商業と対戦した。1－1のまま後半に突入し、終了直前にキャプテンの碇明日麻（水戸ホーリーホック）がPKを決めて2－1で勝利。平岡TAはテレビで教え子の戦いぶりを注視。優勝の瞬間は感極まったという。

そして、大津は第102回選手権に出場。2回戦から登場し、まず遠野（岩手）を1－0で下して好発進を見せたが、続く3回戦の昌平（埼玉）戦は2－2の末にPK負け。惜しくも3年連続で東京・国立競技場のピッチに立つことはできなかったが、全国の大舞台で勇敢に戦った選手たちの姿は大津に関わる関係者にとって感動的なものだったに違いない。

「僕自身、サッカーに惹かれて、サッカーに導かれている人生。それを体現しないといけないという責任感や自覚がより強まりました。自分が宇城市教育長と大津の指導者という2つの役割を追い続けていることに苦言を呈する人もいるかもしれませんけど、やっぱりすべてを全うする人生があってもいい。

僕の恩師である帝京の古沼貞雄先生は『グラウンドの上で死にたい』と口癖のように言っていますけど、そのくらいの覚悟でこれからも取り組みたい。生徒のためにできることを全てやりたいと強く思っています」（平岡ＴＡ）

社会を揺るがす問題が起き、挫折はあったものの、大津は再び歩み始めたところだ。彼らは今回の出来事を反省し、そして学び、よりよい組織を作り上げていかなければいけない。それはチームに関わる全員が感じていることである。

古沼貞雄の言葉

『苦しまずして栄光なし』

昨今、高校スポーツを巡るトラブルが目につきます。全国屈指の強豪校で暴力やいじめ、喫煙などの問題が起きるたび、新聞に記事が出たり、監督が辞任したりしている。そういうニュースを耳にするたび、長年携わってきた人間の1人として胸が痛みます。

自分が帝京にいた頃に何事もなかったわけではありません。私自身の指導を振り返っても「バカ、そうじゃねえだろう」「バカ、今、何やったんだ」といった言い方を日常的にしていた。今では「パワハラだ」と言われるでしょうが、昭和のスポーツ界は全体的にそういったことが日常茶飯事でした。

指導者は複数の子供たちと対峙する以上、つねに言葉をかけながら、人間が生きるうえでの基本を仕込んでいく必要がある。それは時が流れても変わりません。集団の中でサッカーに取り組んでいる以上は、常に挨拶や感謝を忘れず、グラウンドやロッカー、トイレなどをキレイに使うといった生活習慣を徹底することは必要不可欠。トラブルを未然に防ぐことには限界があるかもしれないけど、子供たちを正しい方向へと導いていくためには、そういうことを言い続けていくしかないと私は考えています。今は親に怒られたことがない子供もいるでしょうが、耳の痛い話でも嫌がらずに聞く習慣を身につけさせるべきでしょう。彼らにとって最初は面倒なことでも、思いもよらぬ改善や活躍のヒントになる可能性はあります。自分の殻の中に閉じこもっていると、新たな発見も気づきも得られない。そのまま大人になったら視野の狭い人間になってしまいます。

かつてロサンゼルス・ドジャーズやニューヨーク・ヤンキースで活躍した黒田博樹投手も「苦しまずして栄光なし」という明言を残しています。本当にその通りだと思います。辛い経験や悔しい経験を、今後どのように生かしていくかが大切なのです。

「終わったことは変えられない。でも未来は変えられる」という言葉もあります。生きている以上、失敗や挫折はある。それを乗り越えていく力を子供たちに身につけさせることが親や指導者の責任ではないでしょうか。

NO1

※ サッカー、にかぎらず、何事も「基本大切」

調子の良い時に　基本

調子の悪い時に　基本

良くも、悪くも　基本が総て!!

DF ＝ ゾーンでは特にシンプルに!!

MF ＝ ゾーンでは注意深く、ていねいに!!

FW ＝ アタック、ゾーンでの、行動は思い切りの良い積極的、意識を強く!!

※ チャレンジ ＝ 挑戦は（思いきり）

◎ 失敗をたくさんする

◎ 悔しい経験をたくさんする

◎ 否定的をより少なく

◎ 肯定的（あ～そうか～）を明るく積極的がよい!!

※「てくてく、わくわく、ぱくぱく」

「人との和、礼節」を大事にする

「勝負の原点」を求め続ける!!

43

矢板中央高校サッカー部配布資料

2　今を変えるための努力

58歳、新たな挑戦

迎えた2024年4月。新年度がスタートし、平岡TAは総監督から役職が変更。山城監督も顧問から指揮官に復帰し、再び指導に携わることになった。

メディアやSNS上では『いじめ問題の大津・平岡総監督が現場復帰』のようなネガティブな報道や拡散があったのも事実だが、本人は再び選手と触れ合えることで、大いなる喜びとやりがいと覚えた。

「4月1日付で総監督からTAになったのですが、総監督という名称がさまざまな誤解を生んだ側面はありました。『立て付けを変えることが大事』という意見もあり、サッカーに特化したTAとして関わることが決まりました。子供たちに接するのはもちろんのこと、指導者養成までできることができれば理想的だと考えています。

4月6日にはプレミアリーグのヴィッセル神戸戦があったのですが、久しぶりのベンチ入りということで、興奮冷めやらぬ状態でした。試合自体は2－2のドローでしたが、シュート数は神戸の8本に対して大津が18本。新チームの力量が感じられたいい試合でした」

58歳にして新たな挑戦に打って出た平岡TA。やはりそれまでとは見えるものが違うようだ。

「ゲームが始まるまでの距離感も違うし、緊張感を強く感じられます。子供たちがナーバスになっている瞬間も見える。スタンドにいるのとは違いますし、近くで実際にアクションを起こせるのは大きい。選手権本大会や3月のサニックスカップ（福岡）などは外から見ていたので、大きな差を感じました」と前向きに言う。

リスクマネジメントとクライシスマネジメント

選手との関わりにおいて目に見える前進を示そうとしている平岡TA。それと同時に保護者やOBとしっかり連携し、大津サッカー部を取り巻く環境を変えるための具体的な行動も起こそうとしている。

「基本的に、やることは一緒です。『日本一の集団にする』というコンセプトの下で、『凡事徹底』や『年中夢求』といったものを具現化させていくつもりです。我々の日常は続いていく。より一層、日々の積み重ねを大事にしていきたいと僕自身は考えています」

そうした中、危機管理体制をより強固にしなければいけないというのは確かだ。これまで大津では「部員同士のいざこざは起こらない」という常識があり、平岡TAや山城監督にも強い信念があったが、それはもしかすると過信だったのかもしれない——。

やはり初心に返って、見直していくことが肝心なのだ。

「危機管理と言いながらも、指導者や教員が見える世界の限界まで来ているのが実情です。いじめ問題だったり、不登校というのは家庭との連携が必要不可欠。それがうまくいかない時にこじれてしまう傾向があります。

宇城市においても、第三者が学校と保護者の間に入り、協力や理解を求めることがあります。なかなか聞き入れてもらえなかったり、一方的に攻撃してくる例も枚挙にいとまがありません。そこで、特に若い先生方は大きなストレスを感じることが多くなっています」

ベテラン教育者の平岡TAが頭を抱えるのだから、30代以下の教員・指導者はもっと大変だ。現に、精神疾患で休職する教員は2022年に過去最多を更新、中でも20代の増加率は著しい（厚生労働省「令和4年度公立学校教職員の人事行政状況調査について」）。保護者の方が年齢的に上ということで、「キミたちは分かっていない」「子供を育てたことがあるのか」といった上から目線の物言いをされてしまうことも少なくないだろう。

「若い先生やサッカー部のコーチたちもフィルターをしっかり作っていかないと、仕事を続けていくことが難しくなってしまう可能性があります。大津の場合、保護者対応は保護者会に任せるのが基本スタンスで、教員やコーチが直接出ていかないことにしているのですが、それでも想定外の出来事がしばしば起こります」と平岡TAは危機感を吐露する。

目下、270人の部員を抱える大所帯の同校の場合、半数以上が下宿生。50人程は学校の寮に入っているが、全ての選手を収容できるわけではないので、1人暮らしをしている選手もいるという状況だ。

子供と離れた保護者には、不安や心配が付きまとう。

定期連絡のスタイルは家族によって異なるが、親から子供に電話をかけたり、メール、LINEなどを送って近況を報告し合うのが一般的だろう。それができないとなると、すぐに教員や指導者に「何とかしてほしい」とお願いする。本来、それは教育者の仕事ではないのだが、やらなくていいことまで背負う羽目になり、過度な負担に押しつぶされそうになるのだ。

昔は『先生にやっていただいて有難い』と感じていたことを、『やってもらって当たり前』と感じる人が増えれば増えるほど、学校教育がサービス化し、教員の負担がどんどん増えていってしまう。この状況は、早急に改善しなければいけない。

保護者による学校への過度な要求は国も問題視している。文部科学省は、保護者と学校の間に入って調整を図る「学校問題解決支援コーディネーター（仮称）」を配置し、トラブルを解決へと導く支援体制の整備を始めている。

平岡TAは「子供の原点は家庭教育。そこを改めて認識してほしい」と語気を強める。

「過度な心配をしてしまう背景を考えてみると、高校入学までの15年間できちんとした信頼関係が構築できていないということが挙げられると思います。

今の時代は誘拐や闇バイトなどSNSを通じた犯罪に巻き込まれることも考えられるので、『どうしよう』と不安を抱くのも分かります。

僕が帝京に行っていた頃だったら黒電話しかなかったですし、親が下宿先にしょっちゅう電話するのも非常識という感覚があったので、子供を信じるしかなかった。自分自身も父親から連絡が来たことは一度もありませんでした。

この30年間で発達した文明の利器に頼りすぎるようになった結果、メンタルのバランスが崩れたり、子供を信じられなくなってしまう。そうした親が増えたようにも感じます。

このまま行くと『GPSをつけて行動をすべて監視する』と言い出す人も出てきかねない し、子供の成長の障害になってしまいます。やはり、親も子もそれぞれ自立して向き合えるようにならないといけない。何でもかんでも『指導者やコーチに言えば大丈夫』『学校に言えば大丈夫』という〝コンビニ感覚〟はなくすように仕向けたいですね」

決して芳しいとは言えない親子関係を少しでも健全にし、子供たちが自立していける環境を実現させるには、前述した通り「主体性・チャレンジ精神・コミュニケーション能力」が不可欠なポイントなのである。確かに日本代表で活躍した選手たちは、下宿しながらも自立心を持ってサッカーに向き合い続けていた。1章でも触れたが、国見高校出身の大久保嘉人は北九州から母親がやってきて、息子がしごかれている姿を目の当たりにしても、何も言わずに黙って帰ることが頻繁にあったそうだ。こうした日々が、Jリーグ最多の191ゴールという大記録を打ち立てる原動力になったのかもしれない。

「親が子供を信じなければ何も始まりません。『一番近くで見ているから大丈夫』『この子なら親の助けがなくても頑張ってくれるはず』という信頼関係があれば、人として、サッカー選手として真っ直ぐに成長していくと僕は確信しています」

学校や部活動のあり方が揺らぐほどの大きな問題に直面し、自身も苦渋を味わった平岡TAゆえに、その発言は重い。危機管理に限界がある今の時代だからこそ、改めて親と子の関係を問い直す好機にしたいものである。

古沼貞雄の言葉

『今、オシムから学ぶこと』

大津高校は新たな一歩を踏み出しました。教え子の平岡君も、この経験を心から反省し、成長に生かそうと決意を固めたはず。
自分を変え、チームを変え、環境を変える努力を怠らずに継続してこそ、明るい未来につながると信じています。

それを改めて教えてくれるのが、イビチャ・オシム元日本代表監督でしょう。２０２２年5月1日に逝去されたオシムさんはボスニア・ヘルツェゴビナのサラエボで生まれ、ユーゴスラビア代表として１９６４年東京五輪で大活躍した名ＦＷでした。ユーゴスラビア代表監督時代には90年イタリアW杯ベスト8を経験。その後のユーゴ内戦時には命の危険を感じながら活動したこともあったそうです。

「ライオンに襲われた野ウサギが逃げ出すとき、肉離れをしますか？　準備が足りないのです」

この名言も戦火を縫って移動した経験から生み出されたものなのでしょう。それくらいギリギリの修羅場をくぐり抜けてきた人だからこそ、厳しさの中に優しさが満ち溢れていた。私も帝京時代の最終盤からチームを離れた頃にオシムさんのところへ頻繁に通い、交友を続けてきましたが、あれほど尊敬できるサッカー人にはそうそう出会えないと言っても過言ではないでしょう。

「サッカーはサポーターにとっても人生の一部になっている。もはや単なる遊びではない。観客のためにも何かを学んでいることを見せるべきだ」とも語ったといいますが、つねに真摯に向き合うことを求めたのは、サッカーの社会的影響の大きさを痛感していたからでしょう。

２００７年のアジアカップ（東南アジア４カ国開催）でカタールに引き分けた後、オシムさんは「お前らはアマチュアか？　私はプロだ。自分は死ぬ気で試合に挑んでいる。そのくらいの気持ちがあったのか？」と選手たちを怒鳴ったといいますが、

No1

イビチャ・オシムさんは豊富な経験に裏づけされた数々の名言を残した。「オシム語録」を振り返る。

◆「ライオンに襲われた野ウサギが逃げ出すとき、肉離れしますか？準備が足りないのです」

◆「リスクを冒さないサッカーは、塩とコショウが入っていないスープのようなもの」（それぞれ、ジェフ市原監督時代に）

◆「勝つと見えなくなるものがある。負けるのは嫌だが、敗北は最良の教師だ。ちょっと政治的な問題だが、日本は敗北から学んだお手本だと世界は思っている。歴史、戦争、原爆の上に立って復興した。サッカーも強国に肩を並べることがどうしてできないのか。それが私の願いだ」（06年8月、代表監督として初戦を前に）

◆「たくさんあるが、まず走る量を増すことだ。考えるスピード、走るスピードを上げて、より高いレベルの技術を身につけるべきだ。強国を分析し、まねするのはいい方法ではない。コンプレクッスから解放されて、日本の長所を磨くことだ。（08年6月日本サッカー協会で）

◆「（ロシア革命の指導者）レーニンは『勉強して、勉強して、勉強しろ』と言た。私は選手に『走って、走って、走れまくれ』と言っている」

◆「たくさんあるが、まず走る量を増すことだ。考えるスピード、走るスピードを上げて、より高いレベルの技術を身につけるべきだ。皆さんは難しく考えすぎてはいないか。強国を分析し、まねるのはいい方法ではない。コンプレックスから解放されて日本の長所を磨くことだ」（08年6月、日本サッカー協会のアドバイザー就任の記者会見で、日本選手は何が不足しているのかと問われ）

◆前記の「お前らアマチュアかおれはプロだ。死ぬ気でこの試合に臨んでいた。～（07年7月、アジアカップ初戦でカタールに引き分けた後、控室で選手を怒鳴り散らす）

33

矢板中央高校サッカー部配布資料

つねに本気で目の前の戦いに向かう姿勢は誰もが学ぶべきこと。大きな問題に直面した大津も平岡君ももちろんそうです。そうやって全身全霊を込めて取り組んでいれば、いつか活路を見出せるはず。オシムさんもそう言っている気がします。

一方で、オシムさんは細やかな気配りを欠かさない人物でした。私に会う時も笑顔で穏やかな立ち振る舞いを見せていましたし、日本代表スタッフ会議ではケーキを買ってきて振る舞ったこともあったそうです。美食家で、自宅を訪れた人を自ら作ったパスタでもてなすこともあったそうです。こうした愛される人柄も、物事を円滑に進めていくうえでは重要でしょう。

オン・オフをうまく切り替えつつ、鋭い論理的視点や洞察力で日本サッカーの日本化を進めていたオシムさん。日本人が世界と伍するために「考えながら走るサッカー」を標榜し、それを選手たちに植え付けようとした姿は今も私の脳裏に焼き付いて離れません。本当に日本人以上に日本人らしさを分かっていたと心から感じます。

そのオシムさんからヒントを得た岡田武史さん、森保一さんら日本人指導者が日本代表強化に携わり、その後のレベルアップにつなげたことも大きな事実。オシム

オシム語録　No2

練習で、できなかったことが、ゲームで
出来るようになるはずがない。
人生同じ
日々の生活でのことが重要なときに
必ず、でてしまうもの!!
イビチャ・オシム

初心に戻ろう。
走ることを忘れるな。
走ることの出来ない選手は、
ボールを受けたくないから、
隠れているのと同じ。
気持で負けているということ。
走るとはそういうものだ!!
イビチャ、オシム

私に、よく話してくれた事だが～
「コヌマ」「なんで!!」正月の全国高校サッカー選手権大会
「せっかく、遠い所（全国）多数のチームが集まって来てるのに
1回戦からトーナメント方式の試合は、もったいないよ!!
予選を4～5チームでリーグ戦方式で一次予選を
やるべきだよ!!コヌマ長年何、やってんだよ～!!

34

矢板中央高校サッカー部配布資料

さんが実際に代表を指揮したのは1年あまりという短い期間でしたが、残した財産は計り知れないほど大きかった。平岡君の教え子である大津OBの巻誠一郎はその門下生ですが、多くの人材がオシムイズムを引き継ぐことで、日本サッカー、日本の教育、部活動がいい方向に行くのではないかと思います。

予期せぬ苦難に直面した時、オシムさんの名言を一つ一つ思い返すことで、次の一手を考えるヒントを得られるはず。迷いながら令和の時代を生きる人々には、ぜひともそれをお勧めしたいところです。

3　地域で育てる

保護者の意識改革

昨今は「毒親」という言葉がまかり通っているが、愛情が強すぎるあまり、子供の成長を阻害してしまう保護者というのは少なくない。少子化が進み、過保護な親が増えているのは紛れもない事実と言える。

そこで重要になるのは、保護者の意識改革だ。

大津サッカー部では新年度がスタートして1カ月が経過した5月の大型連休に例年、保護者総会を開催している。そこでは子供たちのプレー映像を流したり、3年間でどのような成長曲線を辿らせたいかというプレゼンを実施。平岡ＴＡや山城監督が３００人超の大人相手に熱っぽく話をするのが通例である。

「3年生の保護者は3回目、2年生の保護者は2回目といったように繰り返し話を聞くことで協力的かつ献身的になっていただくケースが多いです。一方で、公式HP上に保護者会の内容を全て出し、動画なども見られるようにしているのですが、『知りませんでした』『見ていません』という人もいます。そのうえで、大津高校サッカー部のコンセプトや理念に反する行動を取ったりする。ほんの一握りでも、そういう人がいると困ります」

そこで大津の場合は、前述の通り、監督・コーチなど指導スタッフが直々に対応することは基本的に避けている。親同士のネットワーク構築を大事にしてもらい、そこで選出された役員に相談をする形にしているのだ。

「10数年間、そのスタイルを採っていますが、一気にクレームが減りました。親同士の場にフィルターを作れば、そこで解決できることも多々ありますからね。子供に連絡しても返事が来ない場合にしても、いきなりコーチに『困った』と連絡するのではなく、保護者会の役員にコンタクトして、問題が起きていないかどうかを確かめる方がスムーズですし、スタッフの負担も軽くなる。

『息子さんと連絡が取れないなら、まずは下宿先の方に連絡してみたらどうですか』と仲間の保護者から勧められれば、少しは気持ちも落ち着くでしょうし、学校近隣在住者であれば『近くに住んでいるから見てきましょうか』と助け舟を出すこともできる。親同士が『子供の未来のために協力し合える関係性』を築いてくれれば、自分の主張ばかりを押し付ける人も減るでしょうし、実際にそうなっていると感じます」と平岡TAは言う。

指導をやめる時

平岡TAが教育長を務める宇城市には、「親育ち」という子育ての標語があるという。子供を健全に育成するためには、親も成長しなければいけないということを全ての市民に徹底させることが目的だろう。

「サッカー指導者にとって、当たり前になっている言葉に『学ぶことをやめた時、教えることもやめなければいけない』というものがあります。人の上に立つ人間は常に学び続けなければならない。親も、まさにそうあるべきなのです。

宇城市では、ものの見方を変えるためにスポーツ講演会や文化講演会を定期的に行っていますし、美術館や子供館のイベントも学びを意識しています。親というのは子供のよりどころ。だからこそ、しっかりとした器を持たなければいけません。

まずは認めてあげて、褒めてあげて、励まし伸ばす——。それが子供たちの未来を前向きに変えていくことにつながると思います。そうするために、親も変わらないといけない。『今を変えるための努力とは、みんなで学びの進化を目指すこと』です。そのことを肝に銘じてほしいと僕は言いたいですね」

平岡ＴＡが関わっている宇城市は地方都市。首都圏や関西圏の大都市で全く同じことができるとは限らないだろう。ただ、親が子供を育てるために努力しなければいけないのはどこでも一緒。地域や学校、部活動のネットワークを生かしながら、いい環境を作っていくことは必ずできるはずだ。

親同士の相互理解が進めば、モラル意識や助け合い精神も高まっていくに違いない。そこは山城監督も期待している部分のようだ。

「今の学校は『信頼関係＝どれだけ時間をかけて手厚く指導するか』という基準になっていると感じます。しかし、働き方改革が進む中、教員に与えられた時間も限られています。教員と親のやるべきことを考え直す必要があるのではないでしょうか。線引きをしっかりしないと、教員や指導者側の負担が増えていくばかりです。

例えば、生徒同士がケンカをして、一方が殴り、一方は殴られたとします。そこで暴力行為をした子供と保護者には『学校として処分の対象になります』と伝えるのですが、被害を受けた親御さんから『なんで学校は相手の親に謝らせないんですか』と言われるのが常。ですが、我々教員に強制力はありません。このことを理解していただきたい。

平岡先生はこれまで誰もやっていないことを先進的に取り組まれてきた方。僕ら若手もその系譜を継いで、見本にならなければいけない存在だと自負しています。

多様化、複雑化している今の時代だからこそ、さまざまな出来事を教訓にしなければいけない。保護者会の充実、選手との頻繁な面談、ミーティングなど意思疎通の場を増やすことはもちろん、地域や行政とも協力しながら、ベストな方策を見出していくつもりです」

新たな大津サッカー部が築かれようとしている。その地道な成果が少しずつ出て、彼らが本題であるサッカー、そして選手たちと向き合える時間が多くなることを願って止まない。

［参考］＊流通経済大学付属柏高校の「親の十訓」

1、できるだけグラウンドに足を運んで、自分の子供だけでなく、他人の子供も応援してください。
2、試合の結果や内容の出来、不出来を指摘しないでください。
3、金品を過剰に与えすぎないでください。
4、子供に家庭での一役を与えてください。
5、他のご父兄とサッカーを通じて交流し楽しんでください。
6、子供の前でスタッフの批判はしないでください。
7、食事は練習と同じです。十分な糧を取るように心がけさせてください。
8、親兄弟への挨拶はもちろん、近隣への挨拶も心がけさせてください。
9、試合では勝つこともあれば、負けることもありますが、必要以上に慰めの言葉をかけないでください。
10、自分の身の回りのことは自分でやらせてください。

これはノルウェーサッカー協会が出した「7つの心得」を参考に作りました。

本情報は著者が本田裕一郎先生に取材した2009年当時のものです。

古沼貞雄の言葉

『佐々木則夫は有言実行の男』

2024年夏のパリ五輪で、惜しくもベスト8に終わったなでしこジャパンが、同年10月26日、東京・国立競技場で韓国代表と親善試合を行い4－0で勝利しました。このゲームで日本の指揮をとった佐々木則夫監督は私の教え子。高3ではキャプテンを務め、76年夏の高校総体（新潟）では帝京初の全国制覇を果たす原動力となってくれました。

当時の佐々木はディフェンシブハーフ（今のボランチ）。1つ下の学年に早稲田一男、宮内聡、金子久らがいた〝黄金世代〟で、夏合宿に行う学年対抗戦で「佐々木の代は2年にコテンパンに負けるんじゃ……」と心配になったほど（苦笑）。それでも、彼の統率力や周りを生かす力は特筆すべきものがあり、3年生はかなり善戦をしていました。天性のリーダー気質を持ち合わせた佐々木がいたことで、中盤でコンビを組む宮内も、前線の早稲田も伸び伸びとプレーできたと思います。

佐々木は明治大学からNTT関東（現大宮アルディージャ）に進んだあとも、その能力を遺憾なく発揮していました。社会人時代は事務や集金の仕事にも携わったと聞いていますが、それも人間力を高めることにつながったはずです。数々の経験がなでしこジャパンの監督になってから大いに生かされたのでしょう。

佐々木がNTTから日本サッカー協会に行った2006年は、私が帝京を退職して東京ヴェルディのアドバイザーになった年。ベレーザを視察に来る彼とよく会って話をしました。当時は女子サッカーの地位がまだまだ低く、佐々木の行く末が気になりましたけど、本人は2008年北京五輪ベスト4のあと「次は優勝を狙う」と宣言しました。「ベスト4を目指していたんじゃ、そこで終わってしまう。優勝を狙わなければそれ以上には行けない」という反省から、大目標を掲げたそうです。「則夫、優勝はちょっとオーバーじゃないか」と本人に言ったこともありましたけど、2011年女子W杯（ドイツ）で有言実行の結果を残した。印象的だったのが、アメリカとの決勝戦でPK戦に入る前に、選手、スタッフと輪になっていた時の笑顔。「こんな時にニコニコ笑うなんて凄いやつだな」と本当に感心しましたね。

その4年後、2015年女子W杯（カナダ）での結果は銀メダルだったけど、2012年ロンドン五輪も含め、3大会で金・銀・銀という結果を残したことは本当に素晴らしいこと。日本サッカー界には数多くの指導者がいますが、佐々木ほどの実績を残した人物はそうそういない。僕もリスペクトの念を抱いています。

佐々木が飛躍したのは自分自身でさまざまな経験を積み上げ、力をつけていったからこそ。高校サッカー界で尽力してきた平岡、日本女子プロサッカーリーグで実績を積み上げる楠瀬直木（浦和レッズレディース監督）、鹿島アントラーズのFDになった中田浩二、畑違いですが芸能界で一時代を築いた木梨憲武なんかも含め、みんな〝帝京魂〟を胸に秘め、努力を重ねてきた。だからこそ、今がある。

やはり大事なのは高校3年間をどう過ごし、その後の人生にどうつなげていくか。時間の使い方次第で、大きく花開く可能性があるということなんです。佐々木のような人材が帝京から出てくれたのは教育者、指導者として本当に喜ばしいこと。僕自身も心から感謝を伝えたいと思います。

帝京での39年間、退職後の20年間、東京ヴェルデー、滝川二、
流通経済大附属柏、高知、大津、桐光学園、矢板中央、帝京長岡、
青森山田、星　帝京第三、帝京第五、など!!

帝京での39年間サッカーの監督として数多くの教え子達が
帝京での1,000日卒業後、大学へ進学し、そして社会人として、
それぞれの道で　努力し活躍している。
苦労もしたであろう。精進し、少しずつ成長し、成功した
人材の数。!!
　帝京退職後での数チームに関係した指導者の人達との
日々のトレーニングはもとより、夜遅くまでサッカー談義で時を
過し、サッカーに情熱を燃しつづけている人達の中には、
私なぞとは比較にならない大仕事を達成している。
　平岡和徳君もその1人で、その他に現在サッカーに
携わっている人は〜
　日本サッカー協会、Jリーグ、Jリーグ下部組織、
　大学、高校、中学の教員として指導者、町・地域のサッカー・
　クラブの指導者などを総合すると、約200人ほどの
　人材がサッカーで生活しているそうだ。!!

!! 子は親以上に !!

古沼貞雄氏作成資料

第3章

部活動の価値

1　部活動が失われてはいけない理由

見直される部活動のあり方

昭和の時代は「学校の部活動に入る」というのは、ごく普通の価値観だった。どの学校にも運動部と文化部があり、運動部であれば、野球、サッカー、バスケットボール、バレーボール、陸上といった主要スポーツに部員が集まり、教員が顧問となって練習を指導。週末も試合や遠征に出かけ、競技力向上に力を注ぐというのが日常的な風景となっていた。

しかしながら、急激な少子化に伴って、地方や過疎地などの学校では生徒が集まらず、部活動が成り立たなくなってきた。野球なら最低9人、サッカーなら最低11人はいないと試合ができないし、大会にも出られないが、それだけの部員を集めるのは至難の業。結局、公式戦に参加できず、部自体も活動休止や廃部といった状況に陥ってしまうケースが全国各地で散見されるようになりつつあるのだ。

２０２０年時点の内閣府の予測によると、２０２０年に１５００万人いた15歳未満の人口は、２０５６年に１０００万人を割り込む見通しだった。その後、コロナ禍の産み控えにより、出生数はさらに少なくなり、15歳未満人口の減少の加速化には歯止めがかからない。小中学生が減れば、自ずと高校生も少なくなっていく。高校の部活動もこれまで通りの運営が立ち行かなくなる可能性が少なくないだろう。

すでに地域によっては合同部活形式がスタートしているところもある。１つの学校では人数が足りなくても、近隣の複数の学校が集まることでチームを編成できるというメリットを具現化したものだ。

一方で、「拠点校方式」を採用している地域もある。

この方法では、A高校ではサッカー部、B高校ではバレーボール部といった具合に、種目ごとに活動を担う学校を定めるもの。教員と生徒は、各種目の拠点校に移動し、それぞれの部活動に参加することになる。そうやって形を変化させていかなければ、部活動が継続できなくなっているのも事実と言える。

子供の減少と同時に、教員の過重労働も問題視されるようになった。

帝京を高校サッカー選手権で6度優勝させている古沼貞雄監督が率いていた昭和の頃は、朝練・午後練は当たり前。週末もバスで各地へ遠征して、数多くのゲームをこなし、戻ってきて、週明けは朝から学校に行くということが普通に行われていた。

「ボールを100万回触れ」をモットーとしている静岡学園も、井田勝通総監督が現場を指揮していた2000年代までは朝5時からの朝練習が日課。真冬の真っ暗な中、選手たちが草薙運動公園に集まり、井田総監督の車のヘッドライトの灯りを頼りにリフティングやボールコントロールに取り組むという光景を筆者は実際に見たことがある。それがブラジル流のテクニックを前面に押し出す静学スタイルの原動力になっていたのだ。

とはいえ、夜明け前から指導者がトレーニングに行けば、家族と一緒にいる時間は減ってしまう。朝練だけならまだしも、午後練も夜遅くまで行われるから、家事や育児にはほとんど参加できず、家庭生活とのバランスが取れなくなるのは明らかだ。

昭和の名将たちは「家のことは放ったらかし。カミさんに全てやってもらって、自分は何もしていない。本当に申し訳なく思っている」と揃って反省の弁を口にする。それは「仕事人間」「会社人間」が美徳とされた時代であるがゆえに、成り立っていたこと。「亭主元気で留守がいい」という妻も多かっただろうが、いずれにしても、ワンオペ状態の家事育児を押し付けられていたのは確かだ。

男女問わず育児休暇の取得が義務づけられている令和の時代に同じことをしていたら、男性指導者はたちまち妻から〝三下り半〟をつきつけられるのではないか。30～40年前と同じ働き方は、もはや許されないのだ。

「大人の事情で部活を奪うのか？」

このように部活動を取り巻く環境が年を追うごとに難しくなり、「もう部活は止めてしまった方がいいんじゃないか」といった極端な声も聞かれるようになった。そういう意見が出るのもやむを得ない部分があるだろう。

しかしながら、自身の選手時代を含め、50年近く部活動と関わり、教育的価値を痛感している平岡ＴＡは、断固反対の姿勢を示している。

「大人の都合で子供たちが部活動を通してスポーツができない状況を絶対に作ってはいけない。僕はそう考えています」と彼は語気を強めるのだ。

「昭和、平成、令和という時代に身を置き、さまざまな環境の変化を実感してきましたが、『お金を出せない』『送迎ができない』『教える人がいない』『見守る人もいない』といったことはやはり大人の事情。工夫次第ではいくらでも活動を継続できますし、子供たちもやりがいを感じながら取り組めます。それが競技力向上のみならず、常識や人間関係を学ぶことにもなりますし、生きるモチベーションにもつながる。事実、部活動を自分の人生の中心に据えて頑張っている子がまだまだたくさんいます。それだけ価値がある部活動を子供たちから奪ってはいけないんです。

学校を支えているのは、学習指導、生徒指導、部活動指導の三本柱。そこから部活動がなくなってしまったら、どうやって学習指導と生徒指導だけで学校を支えていくのか疑問に感じます。三本柱があってバランスが取れるのに、それが崩れてしまったら、健全な子供たちの育成はできなくなる。それも強調しておきたいですね」

人生のよりどころとなる高校1000日間

長年、高校サッカーに携わってきた平岡TAはなぜそこまで部活動にこだわるのか。

「部活動には、学校教育だけでは教えられない自己表現力を養う力があるからです」と彼はしみじみと言う。

「『最近の子供たちは自分からアクションを起こさない』『人の意見を聞いても黙って頷いているだけで何も言わない』といった話をよく耳にします。それはまず他者とひざを突き合わせてディスカッションする機会が少ないのが理由の1つです。

そのマイナス面を改善しようと、今は学校の授業でも、子供たち一人一人が主体的かつ積極的に動き、深い学びを体得していく『アクティブラーニング』という手法がより多く採用されるようになっています。

僕は筑波大学の同期に、損保ホールディングスの奥村幹夫社長兼CEO、リクルートエグゼクティブエージェントの波戸内啓介社長がいるんですけど、彼らも『今、社会が若い世代に求めているのは、1番にチャレンジ精神、2番目の主体性、3番目にコミュニケーション能力』だと言っていました。それを意識的に養っていかなければいけない時代になったと痛感しています。

その力に磨きをかけられる貴重な場が部活動です。

教室ではじっと黙っていても、グラウンドでサッカーを始めたら自己表現ができる子供が沢山います。彼らは夢中になってボールを蹴り、自分の高みを目指している。試合になれば、ハーフタイムに仲間同士で真剣にコミュニケーションを取って、自分のやるべき役割を確認している。大津の場合は、監督や指導者が指示をするのは最後の1分か2分だけという感じで、とにかく自分で考え発信し、みんなで力を合わせて実行しようとしています。

そういった成長のプロセスを作れる場所を失ってはいけない。そこは35年以上、教育に携わってきた自分の信念です」

平岡TAの話には説得力がある。

集団競技の輪に入れば、利己的な行動は許されないし、他者への思いやりや助け合いが必要不可欠だ。チームメートが考えていることを瞬時に察知し、アクションを起こせないと、いいプレーにつながらないし、勝てるチームにもならない。

特に部活動は学校という組織を意識しながら戦うという意味で、気配りや洞察力、協調性がより一層求められてくる。そこに部活動の大きな価値があるのではないか。

もう1つ言うと、みんなで勝ちを目指すことで、自分の限界を乗り越えることができる。もちろん学業の方でもできなかった問題が解けたり、テストの点数が上がったりすれば、達成感は大きいが、部活動で競技力向上を図っていくことで、肉体的・精神的なレベルアップも見込めるのは特筆すべき点だ。

「人間は誰もが弱さを持っていると思います。それを多くの仲間と切磋琢磨し、競争していくことで乗り越え、強い人間になっていける場所が部活動だと僕は思っています。

やはりいいライバル、いいチームメートの存在というのは、大きな刺激になりますし、チャレンジ精神を掻き立ててくれるもの。僕がサッカー部で求めているのは試合の勝ち負けとか、大会の優勝といった結果だけではなく、未来につながる人間力を身につけることを最優先に考えています。

僕自身も帝京、筑波大で唯一無二の親友、生涯の友人ができましたけど、大津の子供たちもサッカー部に入ることで100人以上の友達ができる。全国津々浦々にネットワークができる。それは物凄い財産じゃないですか。高校を卒業し、人生を歩んでいくうえで、『もうダメだ』『どうにもならない』と思った時、自分には同期の仲間がいる。それが挫折を乗り越え、限界を突破していく力になるんです」

平岡TAは力を込める。大津から日本代表としてワールドカップ（W杯）に参戦した土肥洋一、巻誠一郎、谷口彰悟、植田直通といった面々も、諦めない心、戦い続ける力を養って現在に至っている。

巻が2006年ドイツW杯で滑り込みでメンバー入りできたのも、谷口が30代になって中東から欧州へ移籍できたのも、いい意味で諦めの悪い男たちだから。その人間力の源が大津時代の部活動、そして支えてくれた仲間たちにあるというのは、本人たちも認めるところである。

「大津の選手は巻や谷口のようにサッカーで成功する人間ばかりではありません。レギュラーになれない子も沢山いる。スポーツには実際にプレーする人、教える人、見る人、支える人といろんな立場の人がいます。それぞれの立場を理解しつつ、サッカーに出会えてよかったと感じてほしい。やはり何よりも大切なのは、その後の人生でどうやってレギュラーになるのかを考えることなんです。

大津で1000日頑張れば、サッカーを通して人生を豊かにできる……。生きる拠りどころが大津であってほしいと願って、僕らは誠心誠意、指導に当たっています」

まさに情熱という言葉に満ち溢れている部活動。それを人間教育に使わない手はない。

「部活動なんかやめてしまえ」という考えを少しでも変えていけるように、平岡TAら関係者はここからも尽力し続けていく覚悟だ。

古沼貞雄の言葉

『伸びる選手の共通点』

私が長年関わってきた高校サッカーは、単に選手を育てる場所ではなく、人としての価値を高めるための教育機関である。そういう自覚を持ちながら子供たちと向き合ってきました。

サッカーは集団競技ですから、所属する一人一人が自分の役割を理解し、実行してこそ勝利を得られる。規律を守らず、自分のことだけを考えて動く選手がいたら、その選手はチームから外されることになる。そのくらいの厳しさを持って取り組んでもらうように仕向けてきました。チームというのは実力主義ですから、学年や年齢に関係なく、力のある人間が試合に出ることになる。監督は公平かつ客観的な目線で見て、評価しなければいけません。一見、うまい選手は最初は使われるでしょうけど、それだけでは長続きしない。やはり取り組み方や姿勢がすごく重要なんです。

帝京時代にも飛び抜けた能力を持つ選手に何人も出会いましたけど、全体練習の90分しかやらずに一目散に帰るような人間がトップレベルに辿り着いた例は見たことがありません。自分の長所を磨いたり、課題を克服するために、一番最後まで自主練習を続ける人間が結果を出している。やはり努力は嘘をつかないのは確かです。本当に伸びる選手はサッカーができることに心から感謝しながらボールを蹴っている。人間というのは夏になると「冬がいい」と言い、冬が来ると「夏の方がよかった」と言うのが性。忙しいと「暇になりたい」と願い、暇になると「忙しくなりたい」とないものねだりをしがちです。そういう不平不満を考えず、自分自身が今、できることを精一杯取り組めることに感謝して生きられる人間が成功するんだと私は信じています。「おかげさまで、おかげさまでと暮らしたい」というのは、私の心からの願いですし、子供たちにもそうあってほしい。プロ野球・ヤクルトスワローズの練習グラウンドにも、更衣室に「おかげさまで」が貼ってあったといいます。チームのため、仲間のために献身的にプレーできる本物の選手を数多く育てること。それこそが高校サッカーに課せられた最大の命題。未来永劫、そういう存在であり続けてほしいと思います。

◎　サッカーで学ぶこと、学ばせること!!

高校サッカーで大切なことは？

「サッカー選手を育てる場所であると同時に人としての特別な価値を高める教育機関である」

※（もし、ある選手がチーム・プレーを理解できず、個人のことだけを考えるようであれば、その選手はチームから追い出されることになるだろう。なぜなら、チーム・スポーツという概念を忘れた者に、このチームでの居場所はないからだ。誰ひとりとして、チームをあと回しに考え、チーム以上の存在になろうとすることは許されない。）

そして、トップ・チームでしっかり機能させるには実力主義能力主義が不可欠で、監督がすべき役割として、次の7つが挙げられる

1. 目的を達成するために、すべての選手が明確に理解できる戦略
2. 各個人に選手として不可欠な責任を与えること　を持つこと
3. 先発メンバーの決定などに透明性を持たせること
4. 選手にはスポーツ・マンとして精神的な自信を持って対応すること
5. 選手がやりがいを感じ、能力を発揮できるような環境を作る　こと
6. 結果を出した選手への評価を適切にすること
7. 監督として、リーダー・シップを持ち、自分の考える戦術や選手交代によって、それぞれの選手が能力を最大限発揮できるようにすること

※　たとえ、勝ち続けたとしても、改善点を見つけ、さらに強いチームへと変わっていかなければならない!!

進むべき　道は一筋　世のために
いそぐべからず　誤《ご》魔《ま》かすべからず

65　平澤　興（京都大学総長　20才時）

矢板中央高校サッカー部配布資料

2 部活動を支える人づくり

子供の再チャレンジを支えるOB・山口武士

大津での部活経験を通して「生きるよりどころ」を作り、Jリーガーとなった後、地元の子供たちに「再チャレンジの場」を作っているOBがいる。

巻誠一郎の1学年上に当たる山口武士（FC・ALURA＝アルーラ代表）だ。

1997年度の第76回選手権で大津を史上初のベスト8へとけん引したテクニシャンは、98年に鹿島アントラーズ入り。同期には中田浩二（鹿島強化責任者）や小笠原満男（同アカデミー・テクニカルアドバイザー）、本山雅志（同アカデミースカウト）らそうそうたる面々がいて、彼もU－18日本代表候補入りするなど、将来を嘱望された人材だった。

「ただ、残念なことに鹿島時代はケガも多く、競争も熾烈で、思うように試合に出られませんでした。2002年に当時JFL（ジャパンフットボールリーグ3部相当）のソニー仙台に行く話が浮上した時には、自分に自信が持てなくて、サッカー選手をやめようと思ったくらいです。両親からも『自分のやりたいことをやりなさい』と言われましたけど、『本当は僕に現役を続けてほしいんだろう』と感じて、かなり迷いましたね。

人生の岐路に立たされていた時、ふと思い出したのが、平岡先生が高校時代、口癖のように言っていた『今日の汗、明日輝く』という言葉でした。『今の努力が未来につながる』という意味なんですが、『ここでもう一回、頑張ってみたら、違った道が開けるかもしれない』と思えた。仙台に行く決意を固めて3年間、自分なりに頑張りました。

そして2005年には地元・熊本にロッソ（現ロアッソ）熊本が発足すると聞いて、移籍することになりました。最終的に2009年までプレーして、J2昇格も経験できましたし、引退した後、ロアッソで指導者の道に進ませてもらいました。鹿島を離れる時点でキャリアを諦めていたら、今の自分はなかった。本当にプレーヤー続けてよかったと今、改めて痛感する日々です」と彼はしみじみ言う。

そういった経験を持つ山口が2023年にFCアルーラを立ち上げたのは、自身が異なる環境で再チャレンジした経験を踏まえて、高校サッカー部やクラブチームをやめた選手に違った形でサッカーを続けられる場を作りたかったからだ。

「2年くらい前に平岡先生に伝えると『いいんじゃないか。だけど大津のライバルだな』と冗談交じりで言われ、背中を押してもらいました。そこからは選手集めやグラウンド確保、スポンサー営業とあらゆる活動を1人でやって、2023年4月に選手17人でスタートしました。別のチームをやめた子や通信制高校の子もいるんですが、活動は週4回で、熊本県リーグ3部のリーグ戦にも出ています。大津の5軍と練習試合をしてボロ負けするくらいのレベルですけど、一度、サッカーを諦めかけた高校生たちがやる気になって取り組んでくれている姿を見るのは本当に嬉しいこと。1年目にはサッカー推薦で長崎国際大学に行かせてもらえる選手も出ました。

大津のような強豪校で高度な自立心を持ってサッカーに取り組めれば一番いいでしょうし、僕自身はそういう道を歩みましたけど、そうでない子もいる。実際、熊本の高校をやめて、他県の高校に入り直して、そこからサッカー推薦で大学進学した選手がいるのも知っていますが、別の場所で輝く選手もいると思います。

子供たちのプラスになれたら僕自身も嬉しいですし、自分が大津で平岡先生から学んだ哲学を伝えたり、人間力を養うこともできる。そう考えて、僕なりに頑張っています」

こう語る山口は、平岡TAが言う「サッカーを支える人材」として地元で貢献している。

ＦＣアルーラ代表としての活動だけでなく、山鹿市にある病院で介護サポートの仕事にも携わり、高齢者の運動・リハビリテーション支援にも力を入れているという。平岡ＴＡにとっても、最初に選手権で勝利した教え子が子供と高齢者の両方に生きるエネルギーを与えているというのは、本当に誇らしい気持ちではないだろうか。

彼を見ても分かる通り、大津サッカー部の１０００日間が20年近い時間を経て、また違った形で結実している例があるのだ。そのことを、我々は再認識する必要がある。

宇城市が取り組む人材確保

山口の事例が象徴的だが、部活動というのは参加した一人一人の人間力、生きる力につながっている。そういう部活動が未来永劫、意味あるものとして存在し続けていくのが理想的だ。が、そのためには、やはりクリアしなければいけない課題も少なくない。

最も重要なポイントの１つが、支える人材をどう増やしていくかという点だ。

そのテーマに切り込んだのが、平岡ＴＡが教育長を務める熊本県宇城市。教員や地域の指導員が子供たちの部活動に参加しやすくなるために、２０２１年頃からフレックス制を採用したのだという。

「まずは3〜4か月間のテスト期間が設けられました。それによって空いた時間を職員が有効活用し、地域貢献・社会貢献に尽力してくれるのが一番いいんです。消防団に入るのもその1つですし、母校に行って指導者として活動をサポートするのも大きなプラスです。熊本県も他県同様、部活動の地域移行を進めていますが、それに当たって最も大きなネックとなるのが、指導者の確保なんです。

市役所職員がフレックス制を使って16時〜16時半には仕事を終えて、地域の学校のグラウンドや体育館に行けるようになれば一番いい。それがスポーツに携わる我々にとっての理想的な形だと思います」

確かに、部活動をこれまでのように学校側や教員に全て任せておくのは限界がある。特に義務教育の現場は多忙を極めている。教員は授業のみならず、担任・副担任、学年主任などの仕事、学校行事の運営、進路指導、各家庭とのやり取りなど、とにかく業務が多い。そこに部活動がのしかかったら、心身ともにストレスが大きすぎる。そこで外部スタッフやボランティアの力を借りられるようになれば、状況はかなり改善するはずだ。

平岡TAはより効率的な状況を目指し、取り組んでいるのである。

「これまでの部活動は、顧問の先生がほぼボランティアで関わるケースがあまりにも多すぎました。特別手当の年間4％という報酬が出ることにはなっていましたけど、長時間労働に見合わない、雀の涙の金額だったのは事実。ボランティア状態を認めてはいけないし、教員にばかり負担がのしかかる現状は絶対に変えなければならないんです。

それを文科省もスポーツ庁も文化庁も認識し、部活動の地域移行を推進しています。だからこそ、人材の確保にもっと力を入れなければいけない。老若男女が関われる部活になっていけば、子供たちを支える基盤も強化できる。僕自身も長年、高校教員として学校で働き、今は教育長として全体を俯瞰して見てきましたが、部活動を支える人材を増やすことは喫緊の課題。そこはしっかりと言っておきたいと思います」

教員以外で部活動に関われそうな人材というと、仕事を少し早めに終えることができるサラリーマンや公務員、仕事の第一線から引退したスポーツ経験のある高齢者などが有望だろう。

昨今は三世代家族が減り、子供たちが祖父祖母の世代と交わる機会も減っている。世代の断絶を少しでもなくすために、地域に住む年齢層の高い人々に部活動参加を促し、人生経験などを伝えてもらえれば、新たな生きがいにもなる。そうやって好循環を作っていくことが肝要なのだ。

「『地域協働活動』という言葉がありますけど、地域で子供たちを育てていくという形が作れれば、すごくいいと思います。すでに子供を中心として、学校・地域・行政・保護者がスクラムを組む『五者』の重要性を再三、言っていますが、それを組織化する中で高齢者の力も借りられればいいんです。

知恵を絞りながら、協働化・効率化・可視化につながる取り組みをずっと継続していると、『住みやすい街』『教育の街』と評価が上がり、定住者が増えていく。学校というコミュニティを中心に社会を広げていく活動は多くの人々にとってメリットが大きいし、部活動に携わる子供たちのためになる。そのための発信を僕も続けていきたいと考えています」

平岡TAが言うように、部活動が直面する問題解決のカギは、学校を取り巻く周囲の人材の有効活用にありそうだ。

「部活動に携わることが生きがい」

さまざまな人々の力をうまく使って、部活動の地域移行が円滑に進むようになればベストだが、複数の人々で子供たちを見守る体制を構築したとしても、顧問や監督が重責を担うことは変わらないだろう。

彼らが現場にいなければ、「なぜ監督はいないのか」「ちゃんと指導してくれていない」といった声が子供たちや保護者から起こらないとも限らないだけに、何とも難しい立場にいるのだ。

それでも、スポーツ指導や選手たちの競技力向上、人間教育にやりがいを感じる指導者なら、どんな責任も引き受けるし、子供たちに寄り添っていたいと願うはず。35年以上、グラウンドに立ち続けている平岡TAは、まさに典型的な1人と言っていい。

ご存じの通り、彼は2017年から宇城市教育長を務めているが、朝5時過ぎには大津高校のグラウンドに出向き、選手たちの様子を見ながらウォーキングを実施。終わり次第、宇城市役所まで移動し、始業前の8時頃から業務をスタートさせている。そして夕方には仕事を切り上げ、グラウンドに戻り、再びサッカーを指導するという慌ただしい日々を過ごしているのだ。

「僕の場合は『朝から晩までサッカーが中心じゃないか』とよく言われますけど、『これは今の仕事を充実させるライフワークです』と答えています。自分は部活動に携わるのが好きで、生きがいだからやっている。もちろん報酬ももらっていませんし、仕事以外の時間をやり繰りしながら、貢献のつもりで関わっています。子供たちと長く関わることをネガティブに捉えたことはなかったですね」と平岡ＴＡは爽やかな笑みを浮かべる。

教員の待遇改善なしに日本の未来なし

だが、全ての部活動に関わる教員が平岡ＴＡタイプというわけではない。グラウンドで選手と向き合うことに充実感を覚える先生もいる一方で、『負担が大きすぎてやりきれない』とマイナスに考える先生もいる。

「そういったスタンスの違いを度外視して、『部活動はブラックだ』『長時間拘束は教員の心身をすり減らす』『働き方改革が必要不可欠だ』と一方的に決めつけるのはよくない。教員側の適性や姿勢をまずはしっかりと見極めることが肝心だと思います」と彼は静かに言う。

確かに、熱意ある教員は生徒たちと過ごす時間を惜しまない。それ自体は褒められるべきことなのだが、昨今は核家族化が進み、子育てや介護を負担するのが当然になっている。

自分の両親や親類が近くに住んでいて、手助けしてもらえるような環境ならまだしも、地縁血縁の少ない都市部に住んでいたら、サポートを受けるのは難しい。そういった個々の事情も勘案しつつ、負担軽減策を真剣に模索していかなければならないだろう。

「これだけ少子化が進めば、高齢者のケアや介護の負担はどんどん大きくなっていくでしょう。教員も自分の親がいますから、面倒を見なければいけなくなる。その状態で教育や部活動の指導に力を入れていこうと思うのなら、まずは給与水準を適正化し、働いた内容に対しての正当な評価をして、見合った報酬を支払うこと。それが大切だと感じます。『子供たちの未来が日本の未来』であるのなら、そこにかける教育費は防衛費よりも上であっていいはず。僕はそう思います」

平岡TAは重要な問題提起をしたが、2024年の国家予算を見てみると、防衛費が8兆9000億円であるのに対し、文科省の予算は5兆3384億円しかない。もちろん公立小中学校教員の給与は各地方自治体から支払われているから、この予算から賄われているわけではないが、国として教育にかけるお金が防衛費よりも少ないこと自体は事実と言っていい。

「田中角栄首相時代の1970年代、日本の教員の給与が一気に上がるという出来事がありました。田中角栄さん自身は中学校しか出ていないからこそ、教育の重要性を痛感していて、待遇改善に踏み切ったんだと思います。給料が上がれば、教員もやる気満々になるし、笑顔で輝く姿がもっと見られるはず。そのうえで、子供たちに情熱を持って向き合う状況が理想的なのに、そうなっていないのが令和の現実なんです。

特に部活動の指導に当たる先生には、より積極的に動いてもらうためにも、対価という形で示すべき。そうしないと明るい未来は訪れないという危機感を抱いています。『ボランティアでやって当たり前』という価値観を完全に払拭しなければ、指導現場はよくならない。それはサポートしてくれる外部指導者や地域の人々に対しても同様だと思います」と平岡ＴＡは改めて待遇改善を訴えた。

サッカーに限らず、他競技や文化部も同様にスペシャルなスキルを教えている以上、何らかの報酬が発生するのは当然だ。そうなっていかないと、若く優秀な人材を確保できなくなる。

今、学校の現場サイドはそういう危機感を強めている。だからこそ、文科省や地域とともに早急に環境改善を図っていくべきだ。

古沼貞雄の言葉

『サッカーが楽しくて仕方がない』

令和の時代になり、部活動のあり方が問題になっています。私が帝京で指導していた昭和・平成の時代は猛烈指導・猛練習が当たり前でしたけど、今はそこまでの追い込み型は好まれません。教師の働き方改革などもあって、指導者が四六時中、部活動に力を注ぐことも難しくなりました。

高校サッカー強豪校も練習時間をコンパクトにしたり、効率化を図っていますが、大事なのは限られた時間の中でいかにして選手のやる気を引き出すか。そこは年月が経過しても変わらない部分だと思います。

伸びる子供というのは「三度の飯よりサッカーが好き」というくらい夢中になってボールを蹴れるタイプ。昔で言えば、学校が終わって家にランドセルを放り投げてすぐに飛び出し、1時間くらい遠くまで行っても仲間とサッカーをするような熱中型の子供が沢山いました。今はクラブチームやサッカースクールに通うのかもしれませんが、「雨が降ったから休みたい」とか「フェイントができないから行きたくない」と言って投げ出すようではダメですね。

森保監督率いる日本代表で2022年カタールW杯に出場し、今も主力として活躍している伊東純也なんかも、小学生の頃は楽しむことにこだわっていたと言います。彼は高校から大学へ行って、プロになってから大きく才能を開花させた選手ですけど、「シンプルに楽しむこと」が原点にあるから、何があってもそう簡単には心が折れない。自分なりにできることを増やし続けて、現在の地位を築いたのでしょう。我々指導者もそうですが、サッカーが好きで好きで仕方ないから、何十年もグラウンドに立って子供たちを伸ばそうとするんです。私自身も80代になって体が衰えても、意欲は持ち続けています。

長くアドバイザーを務めている矢板中央にも行ける時には顔を出していますが、高円宮杯プリンスリーグU－18関東で三菱養和に完璧な勝利をモノにした試合なんかは、本当に心から嬉しかったですね。命がある限り、私は子供たちに関わり続けていきたい。グラウンドで死ねれば本望というくらいの覚悟を持って、高校サッカーの素晴らしさや魅力を伝え続けたいと思います。

先週の勝利には感激した

2021. 4. 1. プリンス

矢板中央 3 (1−0 / 2−1) 1 三菱養和

⑪星　⑱林

⑩久野木　㉕田辺　⑦大畑　⑨藤野

㉔畑岡　③大田　④島崎　②山越

GK 藤井

※ すばらしいゲーム運びで、気力に勝る今年最高のゲームだった。楽しみには、していたが、こんな勝ゲームをするとは思えなかった。それだけに楽しさ倍加だった。

4.19. 昨日の勝利が、とても気分をさわやかにする。
39分 左コーナから、星が切り込み、ゴール前に走り込んだ大畑のゴール右隅に決めた先取点。見事だった。
後半3分 ロングスロー を数人で押し込んだ 2点目、そして、6分のコーナからのこぼれ球を、大畑の左ボレーと、その得点も胸のすくようなシーンで、全て圧巻で最高だった。

4.24 プリンス 矢板中央 3 (2−0 / 1−0) 0 山梨学院

サッカーらしいセコイ勝ゲームと言われるかも知れないが、すばらしい勝利だった。全員が気力充実で気力にあふれていた。特に、大畑、星、藤井、は個人技でチームに貢献大だった。!!
どんなゲームでも勝利は楽しい。矢板に行くのも苦にならない。

8

矢板中央高校サッカー部配布資料

3　大津高校の部活運営

主体性を育む校内リーグの立ち上げ

ここで改めてフォーカスしたいのが、大津高校サッカー部の運営だ。

２０２４年高円宮杯プレミアリーグU－18ウエストでトップを走っている同チームには目下、２７０人もの部員がいる。それを山城監督を筆頭に、平岡ＴＡを含む８人のフィールドプレーヤーのコーチ、ＧＫコーチ、トレーナーの10人体制で見ているという。

トップチームは上記の通り、最高峰のプレミアリーグに参戦。セカンドチームが九州プリンスリーグ、サードチームが熊本県リーグ１・２部を戦うなど、幅広いカテゴリーで試合経験を積めるように工夫がなされている。

彼らの指導には、Ｊリーガーとしてプレーした後、地元・熊本に戻って自営業を営んでいる大津ＯＢなどが携わってくれている。そういう人材が水・木・金曜日の週後半に来てくれることで、試合に向けた意識も高まり、一つ一つのプレーの精度や戦術浸透度も上がっていくようだ。

「我々としては、ＯＢのコーチを増やしたいという思いがあります。そのために、ＯＢ会にお願いして、彼らの報酬を賄ってもらえるように調整してもらっています。

さらに２０２４年度はトレーナーとフィールドプレーヤーを兼務できる人材を専任でお願いしています。選手がケガをしたり、体調不良に見舞われたりすることもありますから、メディカルの専門知識を持つ人材がより多くいた方がいい。そういった部分で体制整備を進めているところです」と平岡ＴＡは言う。

とはいえ、大所帯の大津である。公式戦に出られない選手も目下、１５０人程度はいる。彼らの実戦経験をいかにして積ませるかというのは、部活動の大きな課題。大津では２０２４年から学校内のリーグ戦（ＨＩＲＡＯＫＡ ＣＵＰ）を立ち上げている。

「今はその学校内リーグだけで7チームあります。そのうち6チームが試合をするので、割り当てがない1チームが出てきます。彼らには審判や記録、グラウンドのライン引き、テントの設営といった運営面を任せる形を取っています。

試合に出るチームの方も映像編集担当、分析担当、ホームページ担当といったさまざまな役割を決めて、試合までの1週間にわたってしっかり準備してもらいます。当日はプレーする傍らで、それぞれの仕事をこなす形で、忙しく動き回っていますね」と山城監督は説明する。

公式戦に出られない選手たちになぜここまで幅広い役割を任せているのか……。それは「スポーツを支える人材を育てる」というテーマもあるからだ。

「校内リーグで試合を重ねて、1人でも多くの選手が公式戦出場を勝ち取ってくれたらいいという思いが、僕ら指導者の中にはまず第一にあります。そのうえで、生徒主体のリーグ運営をしていくことで自立心や協調性、人間力を養っていける。そういう経験を経て、いずれはスポーツを支える戦力として活躍してくれたらいいと願って、こういった形を取っています。

実際、生徒たちのモチベーションは非常に高いですね。僕らにはないアイデアを出し合ってチャレンジしてくれたり、前向きな発信をしてくれたりするので、指導者側も学ばされることが少なくない。スポーツの多様な関わり方というのも体育教師として生徒に教えるべきことなので、生徒主体の校内リーグという試みは非常に有益です」

昨今の育成年代では、「ボトムアップ方式」という生徒がスタメンや戦術を決めて、試合に挑むというスタイルを採るチームもしばしば見受けられる。選手評価やメンバー選定などは指導者や教員のフラットな目線があった方がいい場合もあるが、自分たちが意欲的に物事を進めていくという姿勢は間違いなく養われるし、意欲も高まっていく。少数のエリート集団だけで活動するJリーグクラブのアカデミーにはない魅力が部活動にはあると言っていいだろう。

「おかげさまで」

学校には長期の休みもあるが、大津では数日間のオフも設けている。特に夏休みはお盆の5日程度を休みにして、寮生・下宿生全員を帰省させている。離れて暮らす保護者と顔を突き合わせて日頃の学校生活の様子を伝えたり、進路について話す機会というのは滅多にない。それを作ることも部活動の責任であると平岡TAは考えているのである。

「『24時間をデザインする』というのが我々のモットー。試合があった週末の翌月曜日はミーティングだけにしていますし、一日中練習漬けなんてことはない。栄養と休養とトレーニングのバランスを一人一人が考え、学業や学校行事もしっかり参加できる力をつけてもらうことが第一なので、ムリするのがいいことだとは考えていません。普段から物事を効率よく、計画的にこなす力をつけることが重要な目的だと捉えています。

だから、あえて長期間のオフを作る必要はないと思っていますが、夏休みに実家に帰省するのは意味あること。先祖の墓参りをしたり、仏壇に手を合わせて『おかげさまで』という気持ちになることがすごく大事。『自分が今、サッカーをやれているのは当たり前じゃないんだ』と再確認するための時間だと僕は捉えています」

メリハリをつけることを学びながら、人として成長していける部活動というのは、まさに理想的な存在ではないか。だからこそ、270人もの生徒が入部を希望し、充実した活動を続けてこられたのである。

非日常の体験で変わる子供たち

部活動のメリットとして1つ挙げられるのが、非日常の体験が数多くできることではないか。大津サッカー部の場合だと、トップチームはプレミアリーグ参戦のために毎週のように静岡や大阪、広島といった幅広い地域を遠征する。傍目から見ると「単に移動してサッカーをして帰るという繰り返し」のように映るかもしれないが、子供たちは未知なる場所へ行くことでワクワク感を覚え、興味を抱く。広島の平和公園や原爆ドームなどの歴史的名所の近くを通ったりすれば、新たな学びもあるし、「次はじっくり見ていろんな歴史を学びたい」と考えるかもしれない。

２０２４年夏からは、高校総体のサッカーが、女子は北海道の室蘭市と伊達市、男子は福島県の沿岸部に当たる楢葉町、広野町、いわき市での開催に固定された。背景にあるのは猛暑。真夏の炎天下に試合をするのは健康を害する可能性も否定できない。

そこで、男子は太平洋岸の比較的涼しい福島・Ｊヴィレッジ周辺ということになったのだが、ご存じの通り、このエリアは２０１１年３月の東日本大震災の被災地域。Ｊヴィレッジは復興拠点として多くの作業員が出入りしていた。少し北上すれば、福島第一原子力発電所もあり、いまだに避難区域に指定されているところもある。帰還を果たせていない地域住民の胸中は想像を絶するものもあるだろう。現役高校生たちがそういった実情を目の当たりにすることは、教育的・社会的意義が大いにあるのだ。

「子供たちはさまざまな体験でガラリと変わっていくものなんです」と平岡ＴＡも神妙な面持ちで言う。

「令和の子供たちはスマホやネットゲームなどが生活の中心にあるケースも少なくない。そういう子たちが野外研修に行ってキャンプ実習をしたら違ったものが見えてくると思います。昔はそう促すために、地域ぐるみで野外研修やキャンプ実習を行ったり、海水浴や山登りに出かけたりと、いろんな試みを行ったものです。

学校がなぜ体育大会や文化祭、修学旅行、宿泊研修をカリキュラムに入れているのか。それはやはり教室だけでは補えない人間力、実行力、思考力を養うきっかけづくりが必要だと考えているから。実際に効果は大きいと考えています。

それは家庭内にも必要です。スマホやゲームから学べることもありますが、世界はそれだけじゃないし、もっともっと広い。魅力的なものが沢山あることを伝えて、学び、考え、行動に移してもらうように仕向けていくべきなんです」と平岡ＴＡも非日常体験の重要性を口にする。

大津ＯＢの植田直通は少年時代、夏休みにテレビの前に座ったことがないという。朝のラジオ体操からスタートして、朝食後は山や海に出かけていって、さらにはテコンドーやサッカーにも取り組んでいた。もともとの天性というのもあるが、それだけ体を動かしていれば体幹は鍛えられるし、人間としても意欲や積極性が高まっていく。彼は鹿島アントラーズ入りした後、ベルギーやフランスでもプレーしたが、幼少期から培ってきたチャレンジ精神と好奇心があったから、思い切って外に出ていくことができたはずだ。

自分の力で生きる術

「大津サッカー部でも、遠征に行った際にはできるだけ彼らの思考力を鍛えさせようとしています。一例を挙げると、東京に行って、羽田空港から熊本に戻る際は、羽田でチケットを渡して『ここで解散』としています。

というのも、フライト前の過ごし方はそれぞれですし、熊本に着いた後は荷物のピックアップ時間も違えば、帰り方も変わってくる。空港の荷物受け取りの場所がごった返しているのに『気をつけ、礼!』などといったことをやるのは好まない。自己責任で行動してもらった方がスムーズですし、これまで問題も起きていない。本当なら、往復のルートも選手たちに考えさせて、現地集合・現地解散にしたいくらい。日頃から『24時間をデザインする』をモットーにしている我々の選手ならできるはず。むしろそうならないと、タフな試合や人生で生き残れないと思っています」

平岡TAの言わんとすることは、実に的を射ている。

16〜18歳になれば、自分のことは自分でできて当然だ。行き先が国内ではなく、海外だとしても、空港解散で自宅に帰るくらいのことはできるはず。韓国の仁川空港で「あとは自由行動だ」と言われたら、国際経験のない生徒は戸惑ってしまうかもしれないが、今はスマホに音声翻訳機もあるし、文字入力して見せることもできる。そういうことを考えて、しっかり行動できるようになれば、どこに行っても歩んでいけるようになる。むしろ、そうなってほしいと願っているのだ。

「大津の遠征は基本的に学校バス、新幹線、飛行機で移動します。スムーズに動きたいのなら、利用駅や空港案内図を事前にチェックしておくとか、早め早めに準備すべきでしょう。それは日本のみならず。海外に行くのも同じですね。

サッカーにおいても、週末に試合があると分かっていれば、コンディションを整え、対戦相手の情報を分析し、どうすれば勝つ確率を上げられるかを考えます。それと同じ。失敗の確率を減らすためにはまず準備なんです。非日常へいけばいくほど、その力が問われることになる。僕はそういう経験を選手たちに数多くさせたいですね」と。

ただし、昨今は過保護な保護者が増え、「1人で空港から帰すのはいかがなものか」と異議を申し立ててこないとも限らない。「もしアクシデントが起きたら学校側の責任です」と強気の姿勢で臨んでくる場合もありそうだが、そういう時こそ「可愛い子には旅をさせよ」という格言を脳裏に刻んでほしいと平岡TAは言う。

「子供を育てるという形には2つの種類があると思います。無人島に2組の親子がいました。1組は子供のために、親が魚を沢山釣ってあげました。もう1組は厳しい親だけど、子供に魚の釣り方を教えてあげて、それを実践させて、生き延びるすべを与えた。

どちらがいいと思いますか？　それは当然、後者ですよね。

いずれ親は年老いて子供を守れなくなりますし、その時は自分の力で生きていかないといけない。釣り方を教えた親だったら、おそらく船を作って沖に出る方法も伝えただろうし、釣り竿を改良したり、網をかける方法を模索したりといろんなことを伝えたでしょう。

そういう親の方が絶対に必要。子供にとっては厳しいかもしれないけど、親というのはそうあるべき。思い切って突き放す時は突き放すことを肝に銘じてほしいです」

平岡TAのような指導者がいる部活動で自分を磨けることは、選手にとって非常にプラスなのである。

古沼貞雄の言葉

『勝負の神様は細部に宿る』

高校サッカーの中で、指導者は日々、選手たちに基本技術や戦術を教える努力をします。「そのパスはボール1個分前へ出せ」とか「シュートをもっとコントロールして打つように」「もっと早く動き出せ」などとグラウンド上で言いますが、創造性やアイデアの部分だけはなかなか教えられないものです。

私が帝京時代に指導した中にも、天才と言われた磯貝洋光のような選手がいましたけど、生まれながらのセンスによるところは大きいと思います。ただ、センスだけでサッカー選手の善し悪しが決まるとも言えません。数多くの体験や経験から判断力や勝負勘を養えば、高いレベルに辿り着くことも可能なはずです。

98年フランス・2010年南アフリカの2度のW杯で日本代表を率いた岡田武史監督は「勝負の神様は細部に宿る」というのを口癖のように言っていました。「マスコミの人はいろんな戦術を並び立てますけど、僕は感覚的に8割くらいは『小さ以前こんな話しを岡田より直接聞いたことがある。
岡田武史：元日本代表監督：横浜Fマリノス：札幌
現在 今治代表：日本サッカー協会理事.

横浜Fマリノスの監督時代、全盛期のジュビロとの決戦の試合で、前半圧倒されていました。

明らかに選手たちは怖がっていました。

ロッカールームは静まり返って、みんな下を向いていました。

「私は、こう言いました。!!」

「俺は、座して死を待つなら、戦って死にたい。

戦いに立ち上がれないやつは、今言ってくれ。

交代させてやるから」

ロッカールームーを出て行く選手たちは、明らかに前半とは異なっていました。

後半に逆転して、勝利しました。

※ つきることのない向上心

※ 有能は有限、努力は無限

※ なやまないと進歩しない

※ 天才ならいざ知らず。そうでないものは技術的な限界があるということを知ることが非常に大切である。
これ以上、技術では無理だとわかれば……〜

あとは頭を使うしかない。

そこに気づくかどうかである。!!

20

矢板中央高校サッカー部配布資料

なこと』が勝負を分けていると思うんです。だから、僕は細かいことに物凄くうるさいんです」と彼は事あることに話していました。

私も高校サッカーの監督として何百、何千と試合をこなしてきましたが、本当に「まあいいか」とか「これくらいで大丈夫だろう」と気を抜いたために、運をつかみ損ねる場面を数多く目の当たりにしました。それが高校年代ならいざ知らず、国を背負ってW杯に出られるか否かという局面になれば、その細部の意味が計り知れないほど大きくなってしまいます。

だからこそ、岡田さんの言葉には重みがある。勝負運をつかみ損ねたくなかったら、つねに集中して細かい部分まできちんと徹底することが大事。それを繰り返していれば優れた選手になれるでしょうし、ここ一番で修羅場を潜り抜ける力もついてくるはずです。

「有能は有限、努力は無限」という言葉もありますけど、前進を続けていけるのはそういう人間だと私は考えます。「尽きることのない向上心」を持ち続け、ひたむきにサッカーに向き合ってほしい。今、ボールを蹴っている若者たちにはそう伝えたいものです。

4　活動費の問題

尽きることのないお金の悩み

部活動やスポーツが人間力を養うために有効だということは、これまでも何度か触れた。しかしながら、先立つものがなければ、活動自体を続けられないのもまた事実。筆者が高校時代にバスケットボールをやっていた昭和の頃も、毎月の部費や少し離れたエリアの体育館や試合会場へ行く交通費を捻出するだけで苦労していたから、教育費が高騰している令和の家庭は本当に大変だろう。

公立高校である大津に目を向けると、授業料自体は公費負担されているからまだいいが、部活動の費用は自ら捻出しなければならない。保護者負担分ばかり増えるようでは、早晩、立ち行かなくなる。数年前から日本サッカー協会主催の大会に限ってユニフォームにスポンサーをつけることが認められ、営業活動的なことはしているものの、十分な資金確保ができているとは言い難い。

2022年1月の第100回高校サッカー選手権で史上初のベスト4入りを果たした際も、滞在期間延長に伴う資金不足の懸念が生じ、クラウドファンディングを実施。OBや保護者などがSNSを通して拡散した効果もあって、2日間で目標を上回る約1000万円が集まったことが大々的に報じられた。そうやって何らかの努力をしなければ、活動費用が回らないというのが現実なのだ。

平岡TAは大津サッカー部を取り巻くこれまでのマネーの状況をこう説明してくれた。

「現在も月5000円の部費を集めていると聞いています。1人当たり年間6万円の負担になります。これは基本的に教員以外のコーチングスタッフの謝金になり、残りが活動費に充当されます。学校の生徒会の部費が年間数十万円あるので、それを合わせて物品を揃えたりしています。

生徒の家庭環境もさまざまなので、我々は生徒負担を最小限にとどめたい。練習着などはメーカーの協力を得ていますし、移動着やユニフォームなどは装備費から賄っています。

遠征費の不足は保護者会の資金などで賄っていますが、2021年度の選手権のように勝ち進むと到底、足りなくなる。そこでクラウドファンディングをやりましたが、そうやって新たな資金確保の手段を作らなければいけないと危機感を抱いています。

その一環として、ＨＰに出している『ミニスポンサー募集』というのも２０２０年から始めました。青森山田や東福岡が大手航空会社と提携しているように、私学の場合は大々的に大企業とコラボレーションができるんでしょうけど、大津の場合はなかなか難しい。それでも可能な限りの資金を集めて、子供たちが安心してサッカーに取り組めるようにしたい。監督たちはその策を今、懸命に講じているところです」

長年、高校教員を務め、現在は宇城市教育長を務める平岡ＴＡがここまでお金のことを考えなければならなかったというのが部活動の実態である。それは根深い問題点と言うしかない。

苦境を乗り越える数々のアイデア

大津が全国屈指の強豪校になった今だからこそ、クラウドファンディングのようなトライをしても、協力してくれる人が全国各地に現れるが、地方予選で敗退するようなチームなら、そんな取り組みもままならない。実際、平岡TAも苦慮していた時代があったと打ち明ける。

「僕が熊本商業で指導を始めた80年代後半から90年代にかけては、給料もボーナスも遠征費に使っていました。約30年前に大津に来てからも、夏休みになれば3000キロくらい大型バスの運転をしていましたね。

それも、生徒たちのコスト負担を減らしながら、小嶺忠敏先生のいる国見や松澤隆司先生のいる鹿児島実業のようなハイレベルのチームと試合をさせたい、山梨で帝京ファミリーと相まみえて本気を見せないといけない……。そんな一心からでした」

自腹を切ってサッカー部や生徒のために尽力するというのは、傍から見ると美談のように思えるが、本来あってはいけないこと。それをズバリ指摘したのが、恩師・古沼監督だったという。

「古沼先生に『自分の給料をつぎ込むなんてダメだ』と言われました。『負けたら選手を怒鳴りつけたくなるから』と。確かに『俺の金を使って何だ、この不甲斐ない試合は』と言いたくなるのが人間ですよね。そこで保護者会を立ち上げて、部費を集めて、生徒たちが安心してサッカーに邁進できるような環境作りをスタートさせました。

それが熊本商業5年目のこと。4年目に高校総体県大会優勝を果たしたのを機に発足させ、毎月3000円から始めました。その後、大津に移ってからも月3000円でスタートして、コーチを雇う必要が生じて4000円に引き上げ、さらにコーチの人数増のために5000円に至った形です。私学は1万円というのが多いと聞くので、まだ大津はサッカーを続けやすい環境を維持していると言えると思います。

先ほども言いましたけど、それ以外の資金作りのアドバイスができないかと日々模索しています。その1つが30年前から始めた物販です。熊本産のうどんやラーメン、そうめん、農作物などをサポートしてくれるところから安く仕入れて、保護者に売ってもらい利益を得ています。

大津には200人以上の保護者がいるので、うまく利益が出るように采配してもらい、それを全国大会の遠征費に回してもらうような形で保護者会にやってもらっています。大津のマークや、部員全員の名前が入った箱なんかもみなさん大事にしてくれて、いい記念品になっていると聞いています」

保護者会が地域物産品の販売代行をして、その利益を部活動の活動費に回すというのはいいアイデアだ。さすがは高校サッカー界屈指のアイデアマンと言われる平岡TAらしい発想ではあるが、大津ファンを増やし、保護者会を通して地域ぐるみで高校と部活動を支えていくのは子供たちのためにもなるはずだ。

ファーストペンギンであれ

「僕ら部活動をけん引する立場の人間が〝ゼロイチの発想〟を持って、組織や運営を考えていくことは非常に重要なんです。

我々が提唱している『100分間トレーニング』にしてもそう。人間というのは、終わりを作らないと頑張れない生き物。子供たちに『100分で終わるんだからしっかりやれよ』というメッセージを発信することで、意欲もモチベーションも湧いてくるんです。エンドレスでダラダラやっていたら効率も上がらないし、負のスパイラルに陥っていく。それを回避するためにも、新たなものを作り続け、もたらしていくことが大切ですね。

マネーの部分も同様で、『部費だけではどうにもならない』『遠征費も捻出できない』とボヤいていても何も始まらない。0から1を作るというファーストペンギン的な考えを持ってアクションを起こせば、いろんな解決策も見えてくる。実際、自分はそれを35年以上、続けてきました」

平岡TAのように「ないなら作れ」という考えを持てなければ、これからの部活動は成り立っていかないのかもしれない。生徒や家庭の負担を減らし、地域貢献になる物販やサポート活動などを通して資金を得て、地元の人々の役に立つというのは、これからの部活動の理想像とも言っていい。

サッカーのように10代の国際経験が重要な意味を持つ競技は、なおさらマネーへの見識を高めていく必要がある。というのも、昨今の歴史的円安で、海外遠征のハードルが非常に上がっているからだ。コロナ禍前であれば、1ドル＝110円、1ユーロ＝130円くらいで推移していたから、夏休みの海外遠征もそこまでためらうことなく実行できた。

しかしながら、2022年以降は日本円の価値がどんどん下がり、1ドル＝150円超、ユーロの方は170円近い水準になっている。ロシアによるウクライナ侵攻の影響もあって飛行機代の値上がりも顕著で、大所帯のチームが異国へ赴くというのは、金銭的負担が重すぎるのだ。

ただ、発想を転換すれば、逆に海外のチームは日本に来やすい状況ではある。これだけインバウンドの観光客が来日しているのだから、サッカーの遠征に来る海外チームがあっていい。大津、あるいは熊本県、九州で海外ユース年代のチームを呼ぶ努力をしてもいいはずだ。高円宮杯プレミアリーグや高校総体・選手権予選が入っていないのは夏休みくらいだから、このタイミングを活用して、何らかのアクションを起こすことは十分にできるはずだ。

前述の通り、「非日常の体験が子供たちを変える」というのは紛れもない事実。そういう経験をさせるためにも、先立つものはお金である。さまざまなアイデアを出し合って、既成概念を打ち破る動きを起こしていけば、過去にない活動への道も開けるだろうし、部活動全体の活性化にもつながる。

百戦錬磨の平岡TAはまさにキーパーソンと言っていい。我々を驚かす斬新なトライを大いに期待したいものである。

常識を覆して考える部活動の未来

昭和の時代から続いている部活動は学校に所属し、補助金や部費でこぢんまりと活動するというのが普通だったが、上記の大津サッカー部の例のように、これまでの枠組みだけでは難しくなっているのも確かだ。

平岡TAは保護者会やOB会を立ち上げ、その力を使いながら、物販やスポンサー集めなどにより資金集めを行い、より充実した活動ができるように努力してきたが、この先は学校から切り離して法人化し、独立採算制でやっていくような組織に変化させていく必要があるのではないだろうか。

例えば、大津高校サッカー部を株式会社にすることができれば、営利目的の活動も可能になる。サッカー部員が地元の農作業を手伝って稼ぐことも可能になるだろうし、オリジナルグッズを作って堂々と販売もできるようになる。巻誠一郎や谷口彰悟、植田直通らOBを集めてのトークショーやサッカー教室を有料開催してもいい。それで潤沢な資金を得られるようになれば、高校選手権で勝ち進んだとしても、クラウドファンディングのような緊急避難的な取り組みは不要になるし、選手たちを取り巻く環境もよくなるだろう。

こうした未来像を平岡TAも前向きに描いているという。

「今まで学校に帰属していたスポーツや文化的なものが学校から離れていく流れは現実にあると思います。そういった活動を支えていく組織が必要になるのも事実で、法人化が落としどころになると僕は捉えています。

とはいえ、大津のような公立学校は特定企業とのタイアップや連携は難しい。それができるとしたら、ＯＢ会や保護者会だと思います。そちらが先に法人化して、スポンサー企業と契約し、一定の資金を提供してもらう代わりに、何らかのメリットが行くような仕組みを作れば、部活動の支えになる。株式会社化すれば、より大きな利益を追求することも可能になるわけですよね。そういうことも考えていく時期に来ていると思います」

平岡ＴＡがイメージする組織が寮管理までカバーしてくれれば、担当教員や指導者の負担も減るし、より効率的な寮の運営もできるかもしれない。

「今、大津高校スポーツコースの寮は月額6万円（光熱費込み・3食付き）。私学の強豪校では月10万円を超えるところも多いと聞きますから、かなり安くしているという認識を持っています。この金額設定は自分が大津に赴任してから一度値上がりしたくらいで、ほとんど変わっていません。

寮は全体で2棟あり、1棟が男子寮、もう1棟が女子寮だったんですが、そちらは使う人がいなくなったので、２０２3年から全て男子用の寮として使っています。ここにスポーツコースのサッカー部員と県外からの入学者の半分程度が住んでいる形です。

それ以外の部員は下宿生活で、大津町の空き家対策と補助金を使って農家の大きな家をリフォームし、青翔寮《せいしょう》と命名して2年前から使っています。また、2DKや3DKのマンションにシェアハウスのような形で住んでいる部員もいます。

こういった生徒たちの生活拠点の管理・運営を法人化した組織が一手に引き受けてくれれば助かるのではないか。8人体制で回している教員らの管理負担も軽減できますから」

と平岡TAは前向きな未来を描いている。

大津ばかりではないだろうが、部活動を取り巻く環境が幅広くなればなるほど、現状のままでは統率しきれなくなる。学校、教員、保護者、OBが別々の組織でそれぞれバラバラに動くよりは、一元的にコントロールできた方が関わる全ての人たちのプラスになる。

それは紛れもない事実だ。

だからこそ、どうすれば一番いい組織が構築できるのかを真剣に模索しなければならない。大津の場合、平岡TAは宇城市教育長の仕事があり、山城監督らは教員としてやるべきことがある。彼らが全て中心となって法人化や新たな組織作りを進めていくのは難しい。となれば、保護者会やOB会、地域で支える人たちの代表者が集う形で議論を進め、最もいい形を見出していくことが最善策ではないか。その大きなハードルを超えて、大津がファーストペンギンになれば、他の高校サッカーの強豪校や中高の部活に一石を投じることになる。

いずれにしても、最も大切なのは、子供たちが安心・安全を守りながらサッカーに集中でき、競技力向上や健全な人間形成ができるような環境を作ること。それは全員の願いであり、最大の目標に他ならない。そのためにできることを一つ一つ洗い出して、実行に移すことができれば、日本の部活動もモダンな形へと変化していくに違いない。

古沼貞雄の言葉

『自分の頭で考える』

「ないなら自分で作る」という発想を平岡君は大津で長年、具現化しています。私も帝京時代には「人がやっていないことに先んじて取り組んだ」と工夫を凝らしてきました。もしかすると彼もそんな指導者の姿を見て、多少なりとも影響された部分はあったのかもしれません（笑）。

私がいた頃の帝京サッカー部は狭い校庭の半分しか使えませんでしたから、普通のオールコートのゲームはできません。その分、攻守の切り替えやゴールに向かう意識を研ぎ澄ませることはできる。選手たちには「シンプル」「ダイレクト」と口癖のように言い続け、それを実践させました。

多くの高校に先駆けて海外遠征に行ったり、80年代にはまだ珍しかった筋トレを導入したりといろんな試みにも着手しましたし、合宿に行くにしても少しでも費用負担を減らす努力を惜しみませんでした。

学割なんかも積極的に使いましたね。ＪＲは学生が片道１０１キロ以上乗る場合、運賃が２割引きになる。それを25人分で学校側から費用を出してもらい、もっと安くなる団体券を買って、浮いたお金で朝食のハムエッグをつけたりして、選手たちに少しでもやる気を出してもらうように仕向けるといったことはよくやりました。選手権の時もいろんな金銭的なやり繰りをして毎日ステーキを１枚つけるように工夫していたことがありました。選手たちはすごく喜んでいましたね。それが６度の選手権優勝につながったかどうかは分かりませんけど、頭を使って少しでも気持ちよく戦える環境を作ることはすごく重要なんです。

令和の時代になり、便利なものが普及して、頭で考えなくても環境を整えることが容易になりましたけど、つねに試行錯誤を続けていないと、本当に強いチームにはなれないですし、自立心や自主性を持った選手も育たない。やはり率先して新たなものを取り入れようとする指導者の姿勢はいつの時代も必要でしょう。「グラウンドがない」「用具がない」「金がない」と嘆いているばかりではダメ。ないなら自分で何とかするしかない。そんな前向きなマインドをこれからの指導者、子供たちにも持ち続けてほしいと強く願います。

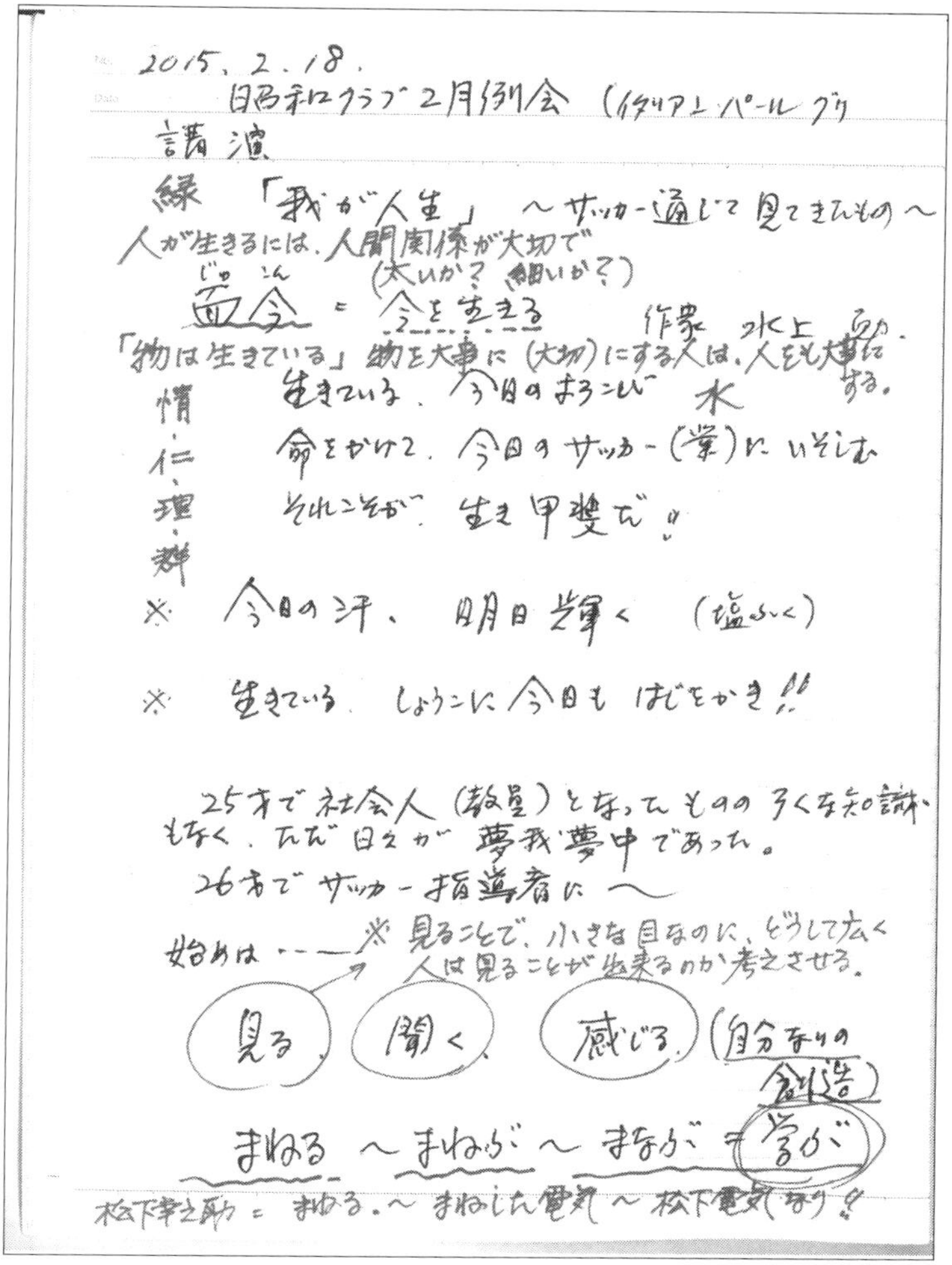
2015. 2. 18.
昭和クラブ2月例会（イタリアン パール グク
講演
縁 「我が人生」～サッカー通じて見てきたもの～
人が生きるには、人間関係が大切で
（太いか？細いか？）
而今《じゅこん》＝今を生きる
作家 水上勉
「物は生きている」物を大事に（大切）にする人は、人をも大事にする。
情・仁・理・群
生きている、今日のよろこび 水
命をかけて、今日のサッカー（業）にいそしむ
それこそが、生き甲斐だ!!
※ 今日の汗、明日輝く（塩ふく）
※ 生きている、しょうこに今日もはじをかき!!
25才で社会人（教員）となったものの多くな知識もなく、ただ日々が夢我夢中であった。
26才でサッカー指導者に～
始めは……※見ることで、小さな目なのに、どうして広く人は見ることが出来るのか考えさせる。
見る、聞く、感じる（自分なりの創造）
まねる～まねぶ～まなぶ＝学ぶ
松下幸之助＝まねる。～まねした電気～松下電気（なり）!

講演会用のメモ書き

サッカー選手が「サッカー・バカ」でいいというのは、ウソ!!

「思想」のない者は、決して大成しない

サッカー・バカとは、何か。自分の立場でしか、サッカーをとらえれない選手のことである。視野の狭い選手と言ってもいい。相手の立場に立ってものを見ることができれば、それだけ視野が広くなり、高度な読みができるになるし、すぐれた状況判断もできるようになる。

その積み重ねが、サッカー選手のみならず、どんな世界であっても、自分を長く生き延びさせることにつながるのである。

71

矢板中央高校サッカー部配布資料

第4章

名将の人間教育

1　挫折と前進

涙のないロッカールーム

異常な猛暑に見舞われた2024年夏。毎年恒例の高校総体は福岡・佐賀・長崎・大分の九州北部がメイン会場となった。が、異常な暑さへの懸念が年々高まっていたサッカーは、男子が福島・Jヴィレッジを中心とした地域、女子が北海道室蘭市周辺で行われるという配慮がなされた。

男子のJヴィレッジ開催は当面、固定となる。遠隔地のチームにとってはハンディキャップも少なくない。その1つであり、優勝候補筆頭と目された大津は、学校バスでフェリーを乗り継いで会場入りし、本番に挑んだ。

迎えた7月27日の初戦。相手は阪南大高校。この時点でプリンスリーグ関西1部で2位という好位置につけており、手強いチームではあった。しかしながら、プレミアリーグウエスト首位を走る大津の方が圧倒的に上という見方をされていた。

試合は拮抗した展開で進み、前半を0－0で折り返した。10人で引いて守られた大津はかなり苦しんだ。それでも後半18分、MF溝口晃史（3年）が蹴った左CKがそのままゴールネットを揺らし、ようやく待望の先制点を手に入れることに成功した。そこで逆にスイッチが入ったのは、阪南大高の方。後半26分に同点弾を叩き出し、勢いに乗ると、後半35分に逆転ゴールを手に入れる。ビハインドを背負った大津はそこから猛攻を見せたが、1点が遠いまま、タイムアップの笛。まさかの1回戦敗退を強いられてしまったのだ。

ベンチから険しい表情で戦況を見つめていた平岡和徳TAは挨拶を済ませると、「負けた場所には一瞬たりともいたくない。すぐに切り替えろ。俺はもう飛行機乗って帰るから」と言い残して、瞬く間に広野町サッカー場を後にし、同日夜便で熊本に戻ったという。

「高校総体に行けなかった子供たちに翌朝、『力不足だった、悪かったな』と言わなきゃいけないと思ったんです。それに『今日から新しい競争が始まるぞ』と伝えることの方が大事だと考えた。それを行動に移したんです」

平岡TAの迅速なアクションの意図を、教え子でもある山城朋大監督らスタッフも瞬時に察知。自分たちもすぐに荷物をまとめて熊本に向かった。

バスで4時間近くかけて横須賀港まで移動し、フェリーに乗って22時間後に門司港に到着。さらに熊本までバスを走らせて、大津に着いたのは29日の未明だったという。

「僕の高校時代から、平岡先生は負けた試合の後は5分、10分でグラウンドを出ていました。『負けた場所に残ると負け癖がつく』という考え方なんです」

山城監督はしみじみとこう語る。そんな彼の脳裏に焼き付いているのは、自身が高校1年だった時の選手権である。

「思い出すのは、Jリーガーになった大塚翔太さん（熊本工業監督）が3年生だった2005年度の第84回選手権。僕も1年ながら全国に行かせてもらったんですけど、3回戦で森島康仁さん（元大分トリニータ）のいる滝川第二に負けてしまったんです。

会場は三ツ沢（現ニッパツ三ツ沢）球技場で、テレビ局のスタッフが『涙のロッカールーム』の撮影をするためにロッカールームに入って来られた際には、3年生はもぬけの殻。残っていたのは、後片付けをしていた僕ら1・2年生だけで、彼らは拍子抜けされていました。そのくらい大津は伝統的に行動が早いんです。

その日、平岡先生がホテルのホワイトボードに書かれたのは、『結果終了のホイッスルは次の試合に向けてのキックオフのホイッスルだ』という言葉。それも強烈に印象に残っていますし、監督になった今、強く意識しています。

負けた時こそ、すぐに切り替えて先に進まなきゃいけない。それが子供たちにとってすごく重要なんだと思います」と山城監督は恩師の教えを守りつつ、今の子供たちにも同様のアプローチをしているのだ。

「勝敗へのアグレッシブさが足りない」

どんな人間にも失敗や挫折はある。高校総体のような大会になれば、優勝校以外は全員が敗者だ。目標である選手権日本一になりたければ、そこから這い上がっていくしかない。「あの負けがあったからよかった」と思えるように、自分たちで課題と向き合い、どう修正していくべきかを考えて、前進していくことが重要なのである。

それこそが大津のサッカー部員に求められる姿勢だ。いかにして、子供たちを前向きなマインドに仕向けていくのか……。そこに悩む指導者や保護者は少なくない。

昭和の時代であれば、1回戦負けした後、監督が怒って「今から学校に戻って練習だ」

と言い出し、ボロボロになりながら走ったり、ゲームを繰り返すようなことがよく見受けられた。いわゆる「理不尽が人を育てる」というアプローチだ。

会社においても、モーレツ社員が善とされたし、毎日のように残業をこなして、休日出勤して成果を挙げようとするくらいの愛社精神が必要とされた。

けれども、令和の今は全く価値観が違う。サッカーの指導現場においても選手たちの心に寄り添うことからスタートする。山城監督もフェリーで約1日かけて移動する間にキャプテンのDF五嶋夏生（3年）やMF嶋本悠大（3年）らに試合の感想や課題を聞くところから始めたようだ。

「彼ら個人個人に話を聞きましたが、全体的なところにはまだ目を向けることができていなくて、『自分がいいポジショニングを取れていたら失点しなかった』とか『狭いスペースでどうにかしようとしすぎて守られてしまった』といった反省の弁が口をついて出てきました。

そういう彼らに言ったのは『それも事実だけど、まずはしっかりと映像を見直して、他にも選択肢がなかったのかを見直しておいてほしい』と。そして『自分にばかり矢印を向けず、少し気を楽にして、次へのパワーにしてくれればいい』ということでした」

大切なのは、追い込むことではなく、冷静かつ客観的に現状認識に努めること。それはサッカーのみならず、他のスポーツ、勉強、仕事でも共通する部分だろう。自分たちができたこと、できなかったことをしっかり分析しなければ、次に進めない。彼らは敗戦によってその重要性を学んだと言っていい。

「翌日のミーティングでは平岡先生が最初に『悪い試合じゃなかったし、これが直接的な敗因だという点もなかった』と前向きに話をされました。そのうえで、『今の青森山田や僕らの帝京の頃はもっと勝敗に対してアグレッシブに戦っていた』と強い言葉を投げかけたんです。

『お前たちは間違いなく力をつけているし、日本一を取る力もある。だけど勝敗へのアグレッシブさが足りなかった』という平岡先生の話を聞いて、僕自身もその通りだなと感じたし、選手たちにも響いたと思います」と山城監督は神妙な面持ちで言う。

大津の目指すところはもちろん勝敗だけではない。ただ、「一発勝負で力を発揮できない」という課題をクリアし、限界を超えていくことで、必ず人間力も養われるはずだ。

仮に選手権で日本一になれれば、平岡ＴＡが長年追い求めてきた領域に到達できるし、大津としても一段階階段を上ることができる。選手たちも成功体験を得て、大きな自信を手に次のステージへ進める。そういった好循環に持っていければ理想的。

彼らは1回戦敗退という屈辱を経て、新たなスタートを切ったのである。

名将がこだわり続ける人間の土台作り

こうやって逆境に立たされることは、サッカーの世界では日常茶飯事だ。それを乗り越える力を養うことこそが、人間の土台作りになる……。そう信じて、平岡TAは35年以上、グラウンドに立ち続けてきたのである。

「人を作るということは、その子の自信を育てていくことではないかと思います。『認めて、褒めて、励まし、成長できる環境を整える』ことが我々指導者の責務。試合に勝って安心したり、達成感を持つことも意味あることですが、『もっと高い山があるぞ』と成長を促していくことが大切なんです。そのためにも、我々指導者は先見の明を持ち、子供たちをどこへ導くかを明確にして、人材を人財へと導く意識を持って、精進を重ねなければいけない。そう思って日々、取り組んでいます」と彼は改めて言う。

敗戦の後、瞬く間に切り替えて次に向かうというのが、大津サッカー部の一例ではあるが、日々の行動の一つ一つがその後の人生、生きざまに影響するのは間違いない。

「僕が帝京高校時代を振り返ると、3人一組での便器磨きという名物行事がありました。古沼先生は『心を磨く』ことを重視していた指導者ですが、それを具現化するために、あえて便器磨きをさせたんです。3人一緒に掃除をするわけですから、それぞれが気持ちを合わせないといけませんし、みんなで一生懸命取り組めるように協力し合っていました。

恩師から学んだ『教育は人なり』『人間の土台作り』を次の世代につなげないといけない……。僕はそう考えて、大津でも近隣のごみ拾いを徹底させています。

大会前になると、10班くらいに分かれて町内清掃を行いますし、駅のトイレも磨きます。子供たちが地域貢献する姿を見れば、地域の人たちも応援したくなるもの。そうやって一体感や結束力が生まれ、地域活性化にもつながります。それが高校サッカーのよさであり、魅力の1つなんだと思います」

平岡TAが言うように、規律ある行動や地域貢献ができるようになれば、サッカーにおいても自主性や自立心が養われるはず。試合・練習中の仲間たちとの意思疎通はもちろんのこと、チームのために自分がやるべきことを瞬時に見出し、判断し、プレーという形で具現化できるようになるだろう。

異質の成長過程を辿る谷口彰悟の人間力

そういったアクションを積み重ね、プロとして成功した大津ＯＢの１人が谷口彰悟ではないか。

谷口は大津から筑波大学に進み、２０１４年に川崎フロンターレに入団。チームではルーキーイヤーから試合に出ていたが、Ｊ１タイトルをつかむまでに４年、日本代表本格定着まで10年もの時間を要した。そして31歳で２０２２年カタールＷ杯初出場を果たし、直後にカタールのアルラーヤンへ移籍。さらに33歳になった２０２４年夏にベルギー１部のシントトロイデンに赴いたのだ。

欧州では「30代の選手は移籍先を見つけるのが難しくなる」と言われ、本田圭佑（元ＡＣミラン）や香川真司（セレッソ大阪）といった輝かしいキャリアを誇る面々も壁にぶつかっている。にもかかわらず、谷口は中東から欧州へのステップアップを達成。シントトロイデンが日本企業ＤＭＭ.ｃｏｍの経営するクラブという事情もプラスに働いたが、実力がなければオファーは届かない。

しかも、新天地でもパリ五輪で活躍した藤田譲瑠チマ、山本理仁、小久保玲央ブライアンといった20代前半の選手たちを力強く支えている。そうやって年齢を重ねれば重ねるほど存在価値を引き上げる彼も、大津での人間形成が大きな土台になっているはずだ。

平岡TAは、当時の彼を述懐する。

「彰悟は大津が重視している『24時間をデザインする力』が際立って高い選手でした。朝練・午後練でトレーニングが4時間あるとしたら、そこでストロングポイントを徹底的に伸ばし、残りの20時間でウイークポイントの克服や凡事徹底、文武両道を実践していたと思います。

朝練であれば、ジャンプトレーニング、ヘディング、タイヤ引き、キックといったことを、その時々の優先順位を考えながら取り組んでいました。大津の朝練は全て自分で内容を決めるんですが、『この子はセンスがあるな』『何も考えていないな』というのが見ているだけですぐ分かる。彰悟は明確な自己分析を踏まえながら振り返り、必要なことをチョイスしていましたね。

それは午後の100分間トレーニングにしてもそう。『自分に何ができるんだろう』と考え、自分なりに成長や成功をイメージしていました。もともとゲームを俯瞰する力は長けていたけど、それを伸ばしつつ、サッカー選手としての完成度を引き上げるために、DFだけじゃなく、左サイドやボランチなど複数のポジションをやらせました。フィジカルやスピードの強化、ヘディング力の向上、パスの精度引き上げなどにも意識的に向き合ってもらいました。本人はそれを非常に意欲的にこなしていた印象が強いですね」

大津を卒業してからは、筑波大学を率いていた風間八宏（現南葛SC監督）と出会い、センターバック（CB）として本格的にプレー。ボールを止める蹴るというサッカーのベースをさらに強化し、川崎に進んだ。その川崎を指揮していたのも、奇しくも風間監督。高度な基準を求められ、向上心を持ち続けたからこそ、30代でのブレイクにつながったのだろう。

「彰悟が川崎に入った頃は全盛期を迎えていた中村憲剛（川崎フロンターレFRO）や小林悠、ボール扱いに長けた大島僚太（ともに川崎フロンターレ）もいました。彼らと信頼関係を作りながらキャプテンになり、無敵艦隊とも言えるチームを作っていくわけですが、本当に彼は『うまくなりたい』という気持ちが減ったり、なくなったりすることがなかった。

『諦めない心の才能』というのは、2006年ドイツワールドカップに滑り込んだOBの巻誠一郎に向けて作った言葉です。今もよく使いますけど、どんなにサッカーがうまくても、その心がないと体は動かない。彼はその心があるからこそ、33歳になっても体が動いているし、プレーヤーとして成長を続けているんです」

平岡TAが称賛するように、谷口という選手は間違いなく異質の成長過程を示している。2015年に初めてヴァイッド・ハリルホジッチ監督に招集された時、「彼が日本代表に定着する」と考えた人はほんの一握りだったに違いない。実際、そこからいったんは日の丸から縁遠い存在になったのに、2022年に再招集され、そこから2026年北中米ワールドカップを目指す勢いだ。その人間力には本当に恐れ入る。

濃野公人という新たな成功事例

谷口彰悟が大津に在籍したのは、2007～2009年。スマホが普及し始めた頃ではあったが、今ほどプレー映像を自由自在に見ることができたり、オンラインを通してつながりを作れる時代ではなかった。SNSも普及していなかったため、指導者も選手もそれほど外部の声を気にすることなくサッカーに取り組めた。「谷口選手だと少し前という印象がある」と感じる保護者や選手たちも多いかもしれない。

ただ、大津出身者はその後も続々とサッカー界で存在価値を高めているのだ。

コロナ禍が始まったばかりの2020年春に高校を卒業し、関西学院大学を経て、2024年から鹿島アントラーズ入りした濃野公人などはまさに旬だ。右サイドバック（SB）ながら9ゴール（10月末時点）という目覚ましい働きを披露。隣に大津の先輩・植田直通がいて「濃野はまだまだです」と叱咤激励しているのもプラスに働いているのだろうが、「最近の若手の中でも人間力がかなり秀でた選手」とサッカー関係者の間で評されている。

山城監督は濃野のことをこう語っている。

「公人は勝ちたいという思いが人一倍強く、『自分はこうしたい』という意思をきちんと周りに伝えられる選手でした。3年の時はキャプテンをやってもらいましたが、負けている時は周りを怒鳴り散らすほどの強い闘争心を示していたのが印象的です。

練習の時も少しでも気の抜けている子がいたら、遠慮なく指摘していた。若い世代はどうしても嫌われ役になりたくなくて、正面切って意見を言ったり、苦言を呈したりすることを避けがちですが、僕ら指導者が語気を強めている傍らで『その通りだ』と頷いて厳しい空気を作ってくれていた。チームメートの取り組み方に納得いかない時は『それじゃダメだよ』と伝えたり、『もっと意識を高めないといけない』と基準を引き上げるようにも仕向けてくれたんです。

特に公人の優れたところは、同級生と細かくコミュニケーションを取ってくれていたこと。壁にぶつかっている子がいればさりげなく声をかけたり、Bチームの選手に『お前たちのおかげでこの試合に勝てた、ありがとう』と笑顔で言うんです。それも試合後に通り一遍に話すんじゃなくて、平日のオフの日にわざわざ2人になって感謝を伝えることもありました。そういった気配りも含め、将来性があるなと感じていました」

山城監督が人柄に太鼓判を押した通り、彼への信頼というのはサッカー部だけにとどまらなかった。入学時点から生徒会活動も掛け持ちしていたが、そこでも大きな存在感を発揮していたという。

「公人はサガン鳥栖U－15からユースに上がれず、ウチに来たんですが、入学当初は165センチ・48キロくらいでとにかく小柄で華奢な選手でした。もちろん最初からAチームに入っていたわけじゃない。それでも気持ちがすごく強いと感じたので、生徒会の先生とも相談して『濃野に生徒会活動をやらせましょう』という話になり、本人に打診したところ、快諾してくれた。3年になってサッカー部のキャプテンになってからも生徒会総務として活動を続けてくれました。本当は生徒会長の予定だったんですけどね。トップの試合に出ていない子が生徒会活動を担うケースはそれまでにもあったんですが、最高学年になって主力でキャプテンという選手が生徒会も掛け持ちするというのは前例がない。それでも本人はいろんな人との出会いをポジティブに受け止め、成長していきました。ああいう子はなかなか少ないです」

山城監督が「非凡な人材」だと認めた濃野は、関西学院大学でも着実に前進していった。1〜2年時はコロナ禍真っ只中で思うように活動ができず、しかも2年の時にFWから右サイドハーフにコンバートされ、さらに3年で右SBになるという劇的な変化があった。

本人も最初は本職のFW以外の役割をなかなか受け入れられず、山城監督に「自分がやりたいポジションでBチームでもいいからやって、そこで評価されるまで頑張りたい」と言ってきたことがあった。しかしながら、現代サッカーはどんな役割でも臨機応変にこなせなければ生き残れない。そういう認識があった山城監督はこう返したという。

「お前らしくないな、公人。僕が知ってる公人は負けず嫌いの気持ちで、違うポジションでも120%の気持ちでやるはずだよ」

そこで前向きになった濃野は異なる役割に貪欲に取り組み、ついには右SBという高校時点では考えもしなかったところに落ち着き、２０２４年Ｊリーグで際立った存在感を示すまでになった。今では日本代表候補の１人というレベルにまで達している。

濃野本人も関西学院大を卒業する際、大津時代に平岡ＴＡから贈られたこの言葉を心に刻み込んで、頑張ってきたという。

「艱難汝を玉にす（かんなんなんじをたまにす）」

その意図を、平岡ＴＡはこう語る。

「この言葉は熊本地震の時も、コロナ禍にも、子供たちに投げかけていたものです。人間は一番大変なところを乗り越えてこそ、本当に磨かれていくもの。僕の父親も僕が帝京に行く時に『タコが一番高く上がるのは、風に向かっている時である。風に流されている時ではない』とよく言っていたんですけど、逆境こそ力をつけられる絶好のチャンスなんです。濃野みたいに受け止めた人間がどれだけいたか分からないけど、それなりに考えてくれたんじゃないかと思います」

多感な高校時代に他者から贈られた言葉というのは、人間の土台作りに役立ち、その後の生きる糧になるのかもしれない。濃野のキャリアがその重要性を物語っている。

古沼貞雄の言葉

『岡田さんは大したもんだ』

我々高校サッカーの指導者は、サッカーをうまくする前に生徒を1人の人間としてしっかりと鍛えることが第一の仕事です。帝京時代に口を酸っぱくして言ったのは、人としての基本。旅館へ行ったら脱いだ靴やスリッパをしっかり並べるのは最初の一歩。30~40人が一斉に食堂に行った時、誰のものか分からない状態で散乱していたら本当に気分が悪いですし、旅館側からも「このチームの選手は人間教育がされていない」と言われてしまう。指導者が黙っていてもそういうことを進んで行う学年はサッカーの成績も上々だった。菅平の合宿で顔なじみの宿の人に「今年はよさそうだね」と言われた年が選手権でも優勝したものです。

そういった細部を大事にするのが、元日本代表監督の岡田武史という人。彼が「例えばヒゲをしっかり剃って人前に出るとか、そういう細かいことをきちんとできない人間はプレーもダメだ」とテレビで話していたのを聞いたことがあります。「努

2021、4、24、プリンス対山梨学院戦前のミーテング

No1

攻撃の局面

① 攻撃の局面でのプレー目的（3つあり）

1) ゴールを奪う
2) ボールを前進させ、シュートチャンスを作る
3) 攻撃権を失わないために、ボールを保持する

攻撃から守備への局面（ボールを相手に奪われたとき）

② 攻撃から守備への局面でのプレー目的（2つあり）

1) 素早くボールを奪い返す
2) 相手の攻撃を遅らせ、守備の態勢を整える

守備の局面（相手チームがボールを保持しているとき）

③ 守備の局面でのプレーの目的は（3つある）

1) ボールを奪う
2) 相手の攻撃を自由にさせず、制限（プレス）をかける
3) ゴールを守る

守備から攻撃への局面（相手チームからボールを奪ったとき）

④ 守備から攻撃への局面でのプレー目的は（2つある）

1) 相手の守備態勢が整わないうちに攻める（速攻）
2) 奪ったボールを、奪い返されず、攻撃の態勢を整える

4

矢板中央高校サッカー部配布資料

力する人間は神様が手伝ってくれるけど、何もしない人間は手伝ってもらえない」とも話していた。日常生活をどれだけしっかりやっているかによって成否が決まるということなんだと思います。全てにおいて適当な行動をとっている人間は運をつかめないし、勝利も手にできない。彼の意見に心から賛同しました。

サッカーにおいても同様で、基本的なことを徹底してやっていないといい戦いはできない。私は岡田さんに「サッカーは守りからじゃないかな」と言ったことがありますが、彼も「点を取られなければ負けることはない」と気づいたはず。最低でも無失点なら延長、ＰＫまで行けるし、勝つ確率は上がる。「１－０でも勝てばいいんだから、自分たちのボールになったら速くシンプルに攻める。そして走って走って走り抜く。それがサッカーの原点だ」という私の意見にも頷いていました。彼は細部にこだわり、徹底するようになったんだろうと感じます。

カタールＷ杯の「三笘の１ミリ」が象徴的ですけど、それを監督としてピッチ上で体現した岡田さんは大したもんだなと改めて痛感します。人格・人間力・指導力を併せ持った彼のような監督から学ぶべきことは少なくない。

2　苦難を支えた「諦めない心の才能」

平岡イズムを体現したコロナ禍の選手たち

予期せぬ苦境という意味では、平岡TAの話にも出てきた通り、2020年からのコロナ禍が最近では非常に大きな出来事だっただろう。

サッカー界を見ると、2020年1月の第98回選手権で静岡学園が優勝し、2月21日にJリーグが開幕した途端、1試合で中断期間に突入する羽目になった。その直後の2月28日には安倍晋三首相（当時）が全国一斉休校を宣言。教育現場は大混乱に陥り、サッカー部の活動も突如として休止となってしまったのだ。

「僕は教育長だったので、学校をどう動かしていくかが最優先課題。サッカーに対してはアプローチしにくい状況でした。それでも何とかして子供たちのサッカー環境を維持したいと思って頭を巡らせはしますが、コロナウイルスという未知なる敵相手ではムリができない。集まってトレーニングするのは難しいということで、個別に取り組んでもらう形にして、我々指導者から可能なメニューを提示するような形を取っていました。

そうなると、主体的かつ能動的に動いてもらわなければいけなくなる。僕はこの状態を『自主性を磨く好機』と捉えました。

『これはピンチじゃなくて、一人一人が新しいものを作り出すチャンスなんだ。だからこそ、この時間にウイークを改善して、ストロングを伸ばすトレーニングを自分たちでしっかり考えて取り組むことが大事なんだ』と伝えました。

前にも触れましたが、『諦めない心の才能』という言葉通り、狡猾なコロナに対して屈しない、諦めない志を作らなきゃいけない。そう思いながら、日常と向き合いました」と平岡TAは4年半前の困難を振り返る。

山城監督も2019年度の教員採用試験に合格。2020年4月から正採用となり、正式にサッカー部監督に就任するタイミングだった。「平岡先生が教育長になってからは実質的に僕らが現場を預かることも多かったので、特に変わりはなかったです」とは言うものの、半代将都（筑波大学、ロアッソ熊本内定）らポテンシャルが高く、リーダーシップも強い選手が揃っていた3年生たちはショックが大きかったに違いない。

「１月末の九州新人戦で半代たちは優勝したので、非常に可能性があるなと感じていました。スーパープリンスリーグ九州でも上位を狙いつつ、優勝も狙えるんじゃないかと期待を持っていましたが、コロナで全てが止まってしまった。それもいつまで続くのか全く分からない。僕自身も学校でやらなければいけない仕事が山積していて、選手たちの思いをどこまで汲み取れたか分かりませんが、『サッカーに対する諦め』という言葉が出ないように、グループでつながりながら、それぞれがやるべきことを探すように仕向けました。

まずはトレーナーにすぐできる練習メニューを作成してもらい、グループＬＩＮＥやこの年に導入したワンタップスポーツというＩＴツールを使って共有しました。同時に、選手たちには自主練の様子を動画に撮ってもらい、リレー配信するという試みもやってもらいました。当時は１８０人部員がいましたけど、サッカー部員としてみんなの気持ちはつながっていた。それは間違いなかったと思います」と山城監督は語る。

徐々にＺｏｏｍ《ズーム》やＴｅａｍｓ《チームス》などのオンラインツールも普及し始め、学年ごとのミーティングも始まった。１年生はまともに登校できず、入部届も出せない状況だったが、希望者には参加してもらい、「大津サッカー部員」としての自覚を持たせるように努めた。

だが、4月下旬に高校総体の一斉中止が決まった際には、やはり落胆も大きかった。

「この時は平岡先生も忙しい時間を割いてオンラインミーティングに参加してくれて、『正直、俺も言葉が出ないほど悔しい気持ちでいっぱいだ』と話を切り出しました。そのうえで、『大津がこれまで積み上げてきたものを、今みたいなイレギュラーな時こそ発揮すべきだ。だからこそ、自分なりにしっかり行動できるように、24時間をデザインし、凡事徹底をすることが大事なんだ』と力を込めて話されていて。生徒たちも自主練の質を高めていく必要があると改めて感じたと思います。

最初に平岡先生が『悔しい』と言った時、僕自身は『指導者も感情を出していいんだ』と思いました。僕らのような立場の人間が不安や戸惑いを口にしてしまうと、生徒たちが動揺するかもしれないと思っていたからです。でも、平岡先生がストレートに口に出してくれて、みんなの気持ちが1つになった気がします」

山城監督も恩師・平岡TAに背中を押されたことを打ち明ける。それは半代ら3年生も同様だったはずだ。実際、そこからの大津サッカー部は貪欲に前進し続けていった。6月の活動再開後は破竹の勢いで勝ち続けた。最後の選手権は県予選の準決勝でルーテル学院にPK負けしてしまい、全国の大舞台に立つことはできなかったが、彼らがサッカーへの意欲を失うことは全くなかった。それ以上に、例年よりも強いモチベーションを持って、選手たちは進み続けたと山城監督は感じている。

「今でも忘れられないのは、活動再開初日の練習です。体力回復のジョギングからスタートするのではなく、いきなりゲームができるくらいのコンディションで全員が戻ってきてくれた。『彼らは本当に自粛していたのか』と疑問を抱くくらいの強度や走力を見せてくれて、正直、物凄く驚きました。

生徒たちはスマートフォンをはじめとしたやITツールを有効活動して高い意識を持ち続けてくれていましたし、アプリ等を使って密に意思疎通を図っていた。僕が個別に話したのは進路のことくらい。もちろんワンタップスポーツを通じて提出されたサッカーノートに関して、自分を含めたコーチ3人で確認し、コメントを返すという大変な作業はありましたけど、そういう努力も生徒たちには伝わったのかなと感じています」

この年はJリーグクラブのスカウトが大津の試合を見に来ることができなかったこともあり、大学進学者が大半を占めたが、コロナ禍の苦しみを力に変えた選手が多かった分、大学レベルで活躍している選手が多いという。

まさに「ピンチはチャンス」。平岡イズムがここぞとばかりに発揮された特筆すべき年だったと言えるだろう。

40年かけて舞い戻った大舞台

コロナ禍1年目の2020年度はキャプテン・半代、ストライカー・宮原愛輝（ロアッソ熊本）ら優れたタレントが多かったものの、一度も全国の舞台に立てずに終わってしまった大津。その悔しさを引き継いだのが、森田大智（早稲田大学）、佐藤瑠星（筑波大学）、薬師田澪（法政大学）ら当時の2年生である。

ご存じの通り、2003年生まれの彼らは2022年1月10日の第100回高校選手権で決勝戦に勝ち上がり、松木玖生（ギョズテペ）や宇野禅斗（清水エスパルス）らを擁する青森山田と激突。0－4の完敗を喫し、残念ながら準優勝に終わったが、東京・国立競技場に集まった4万2747人の大観衆に勇気と感動を与えている。

けれども、彼らが新チームを立ち上げた2020年11～12月もコロナ禍真っ只中。2021年1～2月には首都圏に2度目の緊急事態宣言が出されたほど、世の中の混乱はまだまだ続いていた。熊本は多少なりとも落ち着いていたものの、全国制覇を狙える状態からはかけ離れていたという。

「森田たちの代を振り返ると、半代たちが3年だった時にベンチに入っていたのは森田と佐藤瑠星の2人だけ。薬師田も難しいくらいの立ち位置でした。だからこそ、彼らは『自分たちの代は弱い』『かなり厳しいスタートだ』と感じていたと思います。

実際、新人戦も九州新人大会はコロナ禍の影響で短縮予選になったのも災いし、神村学園と勝ち点で並びながら、得失点差で下回り、予選リーグ敗退の憂き目に遭ったほど。『もしかすると、この学年は高円宮杯プレミアリーグウエストも降格するかもしれないな』という危機感を僕らスタッフも抱いたほどです」

山城監督は２０２１年１～３月頃の実情を打ち明ける。

ただ、彼らはコロナに左右された分、「今、目の前にあるサッカーができる環境を大事にしよう」という思いは人一倍強かったようだ。

平岡ＴＡも目に見えない情熱のようなものを感じ取っていたという。

「森田たちは1～2年にかけて、その下の小林俊瑛（筑波大学）たちは入学早々にコロナで休校を経験していますから、『いつ部活動が停止されるか分からない』という表裏一体のところでやってきました。僕らも子供たちと一緒にサッカーができる時間を大事にしていこうと思っていた。

『環境が難しい中、最高のものは作れないかもしれないけど、今、この場所にいるメンバーで最善のことをやっていこう。成功は約束できないけど、成長は約束できるから』と前向きな声をかけました。

その気持ちは確実に子供たちに伝わった。『大津高校で学ぶ1000日間を大事にしよう』という意識の高まりを感じられましたし、時間のコントロールも彼らなりにシビアにやっていた。人間関係構築も密にして、全力を尽くすという姿勢が色濃く感じられました。

特にキャプテンの森田は中心になってよくチームをまとめてくれた。ミーティングでも我々が話した後に選手だけで小一時間、話し合いをしている姿はよく見ましたね。『俺らたちだけでもっといいものが作れるんじゃないか』と意見を出し合っていて、それもコロナで会えなかった時間がプラスに働いたのかなと思いました」

こうした結束力と団結力が大きなパワーとなり、2021年度の大津は徐々に力をつけていく。課題だった最終ラインも、177センチの川副泰樹（福岡大学）、170センチの寺岡潤一郎（青山学院大学）の両CBが高さで劣る中、強度と迫力を前面に押し出し、安定感を披露。2024年Jリーグで活躍する越道草太（サンフレッチェ広島）を擁するサンフレッチェ広島ユース、坂本一彩（ガンバ大阪）を擁するガンバ大阪ユースらと互角に渡り合い、リーグ最少失点で4位に滑り込む目覚ましい成長を示したのである。

山城監督は話を続ける。

「プレミアでしぶとく粘り強く勝ち点を拾っていく中でも、2年ぶりに復活した高校総体は熊本県予選で2回戦から延長を強いられるなど、かなり苦戦しました。それでも何とか切符を手にし、全国では強豪の流通経済大学付属柏に2回戦で当たって3－0で勝利。目に見える成長が感じられました。その後、準々決勝で静岡学園に敗れ、高校総体での青森山田との直接対決は叶いませんでしたが、松木や宇野がチームをけん引していて相当に強いことはみんな分かっていた。そういう敵がいることを頭に入れながら、日々、取り組んでいたと思います」

その青森山田と初めて顔を合わせたのが、8月の和倉ユースだった。

平岡TAはその勇敢な戦いぶりを鮮明に記憶しているという。

「立ち上がりに1点取られたものの、大津の選手たちはアグレッシブにぶつかっていきました。力のある知名度の高い選手と対峙しても、我々の森田や薬師田は一歩も引かなかった。そのまま点が取れずに負けてしまいましたが、内容的には大津の方が上回っていたと言っていい試合でした。指揮を執っていた黒田（剛＝現町田ゼルビア）監督も、かなりの危機感を抱いたゲームだったと思います」

山城監督も「『次に山田とやったら勝てる』と選手たちは思ったはず。『今年のチームで山田に勝てるのは僕らしかいない』という確信を持ったゲームでした」と言う。

2人の指導者が頼もしく感じた森田ら選手たちは着実に選手権・熊本県予選を突破し、全国大会に駒を進め、ファイナルまで勝ち上がってきた。もちろんその間にも紆余曲折はあった。とりわけ、ギリギリの勝負を1－0で制した選手権・準々決勝の前橋育英戦は、大津、そして平岡TAの大きなターニングポイントになった。

「この時の前橋育英は本当に強すぎた（苦笑）。本当によく粘ったと思いましたし、生徒たちの成長を実感した瞬間でした。

試合の後、スタンドで見ていた古沼先生がピッチに下りてこられて、『平岡君、いや〜、長かったな。本当に長かった』としみじみ語る姿を見て、2人の師弟関係を長く目の当たりにしてきた僕自身、感慨深いものがありました。

平岡先生は帝京時代の83年正月の選手権決勝で優勝してから約40年間、国立の大舞台に戻ることを目指し続けてきた。それを教え子である僕らはよく分かっていました。もちろん現役選手たちもそうだったと思います」と山城監督も目頭を熱くする。

〝敗者の雄〟が頂点に立つ日

長年の悲願を達成し、迎えるはずだった8日の準決勝・関東第一戦。大津に立ちはだかったのが、コロナという難敵だった。相手チームにコロナ陽性者が出て、不戦勝という前代未聞の事態が起こったのである。

「試合前日に準備をしている段階で連絡が入り、『あれ、どうしよう。決勝に行けちゃったけど、この感情はどうしたらいいのか』というやり場のない感情に教われました。それは監督の僕だけじゃなくて、平岡先生やコーチ、選手たちも同じだった。パワーが削がれた部分があったのは確かだと思います」

山城監督は不安を抱いたことを明かす。もちろん大津は準決勝を戦わなかった分、十分な疲労回復や調整時間を得られたが、やはり選手権のようなトーナメント方式の大会は勢いや迫力という部分は非常に重要な要素となる。長年、現場に立ち続けてきた平岡ＴＡもそのことは熟知していたから、選手のモチベーションを引き上げるために、この言葉を選手たちの前に掲げた。

「九州はひとつ」

これは2017年8月に他界した鹿児島実業の松澤総監督が口癖のように言っていた言葉だ。準決勝前日の1月7日に長崎総合科学大学附属の小嶺総監督が逝去するというショッキングなニュースが舞い込み、平岡TAはその言葉を今一度、噛みしめ、頂点を狙う選手たちに伝えたかったに違いない。

「平岡先生が決勝を戦う気持ちを作ろうと努力されて、本番を迎えたんですが、青森山田の選手たちの『もうやるしかない』という鬼気迫る表情を見た時に、牙を抜かれた自分たちは分が悪いと痛感しました。0－4という結果は悔しかったですが、不運も重なったのかなと感じています」と山城監督は悔しさをにじませる。

指導者初の国立を57歳にして経験した平岡TAは古沼監督と肩を並べることができなかった。そこは今も「大きな宿題」と恩師から課されている部分だ。

「高校サッカー界の勝負弱い監督と言われているのは知っています。どうしても、人を作る作業に注力してしまう。それはそれで意味のあることですが、スポーツの『勝つことによって人間が成長する』という部分も重要視されていい。その方法論をどうすべきかがポイントだと思います。

　僕自身は勝ち負けをエネルギーに変えて、次のステージで頑張ってくれればいいと考えるタイプの指導者。それは社会においても同じです。大津での3年間、1000日間を財産にして前に進むことが何よりも大事なんです。

　それを貫きつつ、頂点に立てるのが一番いい。どうしたら実現できるのか、山城たち指導者とともに知恵を絞り続けていきます」

　平岡TAは選手権制覇といぅまだ見ぬ領域の一歩手前まで自分を連れて行ってくれた2021年度の森田、佐藤らに感謝しつつ、前進を続けていくつもりだ。それと同時に選手たちもコロナを乗り越え、さらなる上のステージを目指し続けていくに違いない。

古沼貞雄の言葉

『夢、やる気、工夫、そして基本』

私がこれまで選手に教えてきたのはサッカーの技術・戦術ではありません。もともと日大時代はランナーでしたし、サッカー選手として活躍した実績も経験もない『ズブの素人』ですから、そこはわきまえて臨んだつもりです。

そんな自分が子供たちに教えたことは「夢」「やる気」「工夫」、そして「基本」。この4つをずっと目指してやってきました。

まず夢は、個人として、チームとして国立競技場の芝を踏むこと。そこで選手たちが帝京のカナリア色のユニフォームを着てプレーし、全国優勝することでした。その大きな夢を達成するためにやる気を持って取り組むことが重要なんです。

やる気というのも言葉で言うのは簡単ですけど、集中がなかなか続かない。高い意欲を持ち続けるように仕向けるためには、工夫が必要不可欠です。単に過酷なトレーニングをするとか、走って汗をかかせるだけじゃなくて、アイデアを持ちなが

良い指導者：良い選手とは　No2

※　それなりの結果を出すこと!!
勝負の世界である。結果至上主義は当然
いい結果を出したいからこそ、まずは選手の力と
人づくりに励んだ。

①「人生」と「仕事」は常に連動しているということを自覚させる
（サッカーを通じて人間形成、人格形成をしていくこと

② しっかりした人生論（人間性）が確立されていないかぎり
いいサッカー選手にはなれないということを肝に銘じておくこと!!
人間はなぜ生まれてきたのか？
それは「生きるため」と「存在するため」である。すなわち
価値観と存在感である。その人の価値や存在感は
他人が決めるものだ。従って他人の評価こそが正しい
ということになる。　評価に始まって評価に終わる。!!
といわれる所以《ゆえん》である。

③ サッカをやるうえで重要（大事：大切）なのは①「目」目のつけどころが大事である。　そして②「頭」まで考えろ!!
工夫しろ!!　それに③「感性」感じる力を養う!!
それには負けじ魂や貪《どん》欲《よく》な向上心やハングリー精神
がポイントとなる。

④ 技術的向上の発揮

「コツ」　蹴る、止める、フェイント、走るときの緩：急
パス、ドリブル、ヘディング、攻める、守るなどの
感覚を身に付ける

「ツボ」　◎相手チームの得意な形

◎ 相手チームの攻撃（マーク）する選手、陣、コンビ、クセ

◎ 相手チーム守備の攻略法、クセなどの
注意点探索

47

矢板中央高校サッカー部配布資料

ら取り組ませるように導かなければいけません。

私は少し格上の大学生や社会人と練習試合をさせたり、筋トレを導入したりと限られた時間と活動費の中で可能なことを模索し、夢を実現してきました。生徒に何をさせたら刺さるのかを日々、考えていくことが大切であると自分自身に言い聞かせてきたんです。

そして最後の基本は人間として当たり前のもの。挨拶や感謝の気持ち、整理整頓、協調性や献身性などが例として挙げられるでしょう。それに加えてサッカーをするための基本も持ち合わせていなければいけない。体力や技術・戦術・精神力を含めて、備わっていなければいけないものが必ずあるんです。

こういったポイントがある程度できた時に、選手権優勝というご褒美が得られる。私は有難いことに6回ほどご褒美をいただきましたが、80代になった今もその感動を忘れたことはありません。高校総体や高円宮杯も価値あるタイトルでしょうけど、やっぱり満員の国立で頂点に立つ喜びは格別。教え子の平岡君にもぜひ味わってもらいたいと思っています。

「夢」「やる気」「工夫」「基本」の重要性は高校サッカーに限ったものではありま

優れた選手・チーム作りに必要なポイント〜

(a)　人材　（リーダー）　社長・強化部長・統化部長・ジーエム

(b)　知識《ちえ》　監督

(c)　情報　〃　指揮官としての実力

① 目
- チーム選手の能力分析ができること!!
- 学ぶ・向上心が常に貪欲《どんよく》にあること!!
- 人間学のあること!!

② 頭　心・技・体（センス）

『優れた選手とは』　心・気・体・（双葉山）白鵬

- 知性（頭の良いこと）考える、工夫する、判断のよいこと!!
- 筋肉の質の良い（スピード豊かなこと）、
  筋肉のエネルギー代謝のよいこと、疲れを知らない身体!!
- 身体的にバランスの良い柔軟性豊かなこと（軟かい身体）
  リズム感の良いこと（神・体共軟かいこと）　バード
- 大きな身体は……？　運動神経の優れていること　不器用はダメ!!
- ハングリー精神豊かで常にモチベーションの高いこと
- 何よりも練習が大好きなこと、とにかく　負けずきらいなこと!!　サッカー大好きなこと!!
- 心肺機能に優れ、スピード耐久力のあること!!

※ 豊かな「人間性」ベストである!!

49

矢板中央高校サッカー部配布資料

せん。帝京時代の教え子がかつて中央大学に行き、10数年ぶりに関東大学リーグ制覇を果たしたことがあったんですが、彼らは練習を休まないとか、遅刻をしない、ランニング中に私語をしない、きちんと整列して人の話を聞くといった一つ一つの小さなことができる集団だったという話を聞きました。練習でシュートやゴール前の多彩なパターンを数多くやったとか、最新鋭の戦術やトレーニングを導入したといった小手先のことではない。

プロだろうと、日本代表だろうと、大事なことを怠ったチームはご褒美をもらえない。私はそう信じています。W杯のみならず、海外の最高峰リーグが日常的に見られるようになった今、「そんな精神論は必要ない」「もっと世界基準を取り入れる努力をすべき」と主張する人もいるかもしれません。でも、時が流れても普遍的なことが確かにあります。これからも子供たちには夢を持ち、夢を追い続ける努力をしてほしい。その経験が彼らを大きく成長させ、生きる力を身につけさせてくれるはず。サッカーというのは多くの学びを与えてくれるかけがえのないもの。競技に携わる幸せも噛みしめてほしいところです。

3　名将はどう教え導くのか

大津で人が育つシンプルな理由

コロナ禍の第100回選手権で初のファイナリストになった大津。続く2022年度の101回選手権でも青森山田に敗れた悔しさを知る2004年生まれの小林俊瑛、田原瑠衣（立正大学）ら3年生、2005年生まれの碇明日麻ら2年生が奮闘。2大会連続で国立競技場の舞台に立った。

2023年1月7日の準決勝・東山戦は1－1の末、PK戦にもつれ込み、惜しくも苦杯。またも頂点に手は届かなかった。それでも、コロナの間に苦しく辛い思いをした高校生たちが「24時間をデザインする」「大津での1000日間」「凡事徹底」などを大切にして、自らの進むべき道を必死に見出してきたからこそ、2大会連続のトップ4入りを果たせたと言っていい。彼らの原動力になったのは、大津で培った仲間たちのサポートであり、保護者や地域の人、そしてOBなど支えてくれる人たちの存在でもあった。そのあたりのネットワークの大きさこそが、公立高校・大津の強みなのである。

「今の日本サッカー界のユース年代を見ると、大きく分けて、Jリーグのアカデミーと高体連があります。Jリーグのアカデミーは小学校5・6年生からスカウトをして、豊富な財源のもと選手育成をしています。中学までは義務教育で、高校年代はクラブと提携した学校、あるいは通信制高校に行っていますけど、特定の大人しか会わない傾向が強いと思います。もちろん昨今はクラブスタッフや指導者が学校訪問をしたり、担任の先生と面談をしたりして、意思疎通を図っていると聞いていますが、教育という観点からすると、関わる大人が少ないですよね。

大津から人が育つ理由はシンプルで、教育のプロフェッショナルである先生が沢山いて、そういう多くの大人が子供たちの未来を支えているから。サッカー部を見ても、僕や山城ら現場指導者だけでなく、会計や引率は別の分野の先生が担当してくれている。サッカーのことを知らない人も関わるんです。そして学校の授業や行事では別の先生の下で指導を受けることになる。そうやって数多くの大人たちからさまざまな教育を受けることで、生徒たちの視野も広がりますし、『いろんな人の期待を背負っている』という自覚も強まってくる。学業もサッカーもよくなるのは、生徒が1人で頑張っているからではないんです。

学校とサッカーが一体化しているという意味では私立高校も共通するところがありますが、学校によっては中高一貫でJクラブと同じようなエリート養成にシフトしているところもないとは言えない。部員全員が同じ方向を向いているとは言い切れない部分もあるでしょう。そのあたりは改善の余地がありますね」と平岡TAは冷静に分析する。

問題を自分事化させる工夫

確かにJクラブのアカデミーの場合はトップ昇格や将来的にプロになることが目的だから、「チームのために」「みんなのために」という意識は生まれにくい。エリート養成に特化した私立高校なども「一部のトップ選手に焦点が当たっているだけで、自分は関係ない」「立場が違う」といった発想が出てくることもあるだろう。

だが、公立である大津の場合、セレクションはないし、入部希望者は誰もがサッカー部に参加できる。試合に出る出ないはあるものの、全員がサッカー部の一員という立場で活動する。その所属意識が「全てを自分事と捉えること」につながる。

それが重要なのだと、平岡ＴＡは強調する。

「例えば、保健の授業をやったとして、外で運動するのは好きだけど、座学は全く興味がないという人間がいますよね。彼らは往々にして『単位だけはほしいけど、勉強はやる気はない』といった態度を示しがちです。『他人事』というスタンスの人間が集団に加わるとこうした行動が出がちです。

そこで僕ら教員がやらなければいけないのは、『今、先生が話していることに興味を持つことによって、自分の人生が豊かになる可能性がある』というのを示すこと。自分事だと捉えてもらうように仕向けることなんです。

僕が必要としているのは、人の話に返事だけする『ちくわ耳』にさせない工夫です。耳は音を捉える器官、目は物を捉える器官ですけど、それぞれを使って物事を咀嚼し、取捨選択し、自分に生かしていくように仕向けていくことを『自分フィルター』と呼んでいます。自分フィルターを磨き上げ、チャレンジをエンジョイにつなげていくことで『夢中になる』状況が生まれる。サッカー部でもそれを意識していますけど、小さい頃から積み重ねていくことが肝心ですね」

確かに、平岡ＴＡが例示した保健の授業を見ても、健康増進や疾病の予防、応急手当といった内容が含まれているが、高校生くらいの年齢だと病気になることが少ないため、「自分事」だとは捉えにくいだろう。けれども、自分の両親や祖父母、近所の人たちが何らかの病気になれば、健康増進や疾病予防は一気に身近なテーマになる。

応急手当などはサッカーをやっている学生だったら絶対に知っておかなければいけないこと。２０１１年８月４日に亡くなった元日本代表の松田直樹（当時松本山雅）も練習中に倒れ、周囲が人工呼吸や心臓マッサージを施したというが、命を救うことはできなかった。「ＡＥＤがあれば助かったかもしれない」という声もあるが、ＡＥＤの使い方を知らなければ、有効な救命器具が目の前にあったとしても役には立たない。

そうやって身近な話題にすれば、生徒は「これは覚えなければいけない」と目の色を変えるようになる。サッカーにしても、芸術にしても、学業にしても同じだろう。

「昔は大家族が多かったですから、両親や祖父母が子供たちを日常的にコントロールしていたと思います。ですが、核家族化が進み、１人で過ごす子供が増えたこともあって、『自分さえよければいい』『自分がやりたいことだけやっていればいい』というスタンスを取る人間が増えてきた。そういう今の子たちに『利他の精神』を持ってもらうことは難しくなっていますが、高校の部活動はそういう学びを得やすい環境にある。『誰かのために』『この集団のために』『先生や先輩たちに恩を返すために』といった献身性を持って取り組めるものだと思います」

平岡TAの言う「利他の精神」を大津の選手たちは持ち続けたからこそ、コロナ禍でもみんなで支え合えたのではないか。2021年度・2022年度と連続して選手権で国立に進めたのも偶然ではないはずだ。

その後も大津は第2章で触れた「いじめ問題」に直面し、それに伴う誹謗中傷の渦にも巻き込まれたが、選手たちはブレることなく前進している。様々な艱難の中にあっても、全員が問題を自分事化し、「みんなで乗り越えて強くなろう」と機運を高めていけるというのは、いい組織の証拠だ。そこは改めて強調しておきたいところである。

未来を切り開く「ビジョン」の力

高校生の持てる力を真っ直ぐ伸ばし、強い集団を作り上げるためには、それぞれとのビジョンの共有も重要だ。

サッカーの場合、11人がそれぞれの役割を攻守両面でこなし、連動して動かなければ戦えないが、選手によっては本職でないところでのプレーを余儀なくされることもある。

「大津には全国制覇を目指して入ってくる子も少なくありませんから、中学生時代は学校やクラブチームでエースだった選手もいる。彼らはだいたいFWや攻撃的MFといった花形のポジションで活躍していました。

しかしながら、大津に来た途端、『DFをやってくれ』『SBに入ってくれ』ということも往々に起きる。僕や山城に言われれば『はい、やります』と返事はするものの、どこかでモヤモヤ感を抱えていることもあるでしょう。そこでなぜそこが適しているのかを説明し、未来像を共有し、納得して取り組んでもらえるように仕向けていくことが肝心。それができるのもいい指導者、いい先生なんだと思います」と平岡TAは言う。

日本サッカー界を見ると、異なるポジションでプレーするようになって才能を開花させた例は枚挙にいとまがない。前述の通り、鹿島で活躍する濃野もFWから右サイドハーフ、右SBと下がっていき、今の地位を築くに至っている。

「彼の場合は大学時代がターニングポイントになりましたが、選手にはそれぞれの適性やストロングがあり、チーム事情というのも関わってくる。そこで『キミはこのポジションでやっていけば輝かしい未来が開けてくる』といった説明を受け、モチベーション高く取り組めたから、プロになって活躍できるようになった。お互いにビジョンを共有できたことが大きかったんだと思います」

こう語る平岡ＴＡの脳裏に浮かぶのが、濃野の横で日頃、プレーしている鹿島の植田である。もともとテコンドーをやっていたという植田は抜群の身体能力を持ちながら、中学生までは非常にシャイで、同期の豊川雄太（京都サンガ）らにからかわれていたこともあったという。その植田を高校1年でいきなりＵ－16日本代表候補合宿に参加させるアシストをして、世界に対しての目を持たせたことも、重要な「ビジョンの共有」だったのではないだろうか。

「入学前の植田と豊川を福岡サニックス国際ユースにエントリーして連れていったことがありました。植田はすでに身長が１８０センチをゆうに超えていて、いるだけで存在感があるのに、シャイで、ご飯を食べる時も小さくなっていました。それまでは遠征らしい遠征もしたことがないので、４泊５日の大会なのに日帰りの支度しかしてこなかった。お父さんが福岡まで足りない分を持ってきてくれましたけど、それくらい高いレベルに行くという欲がなかったんです。

そんな彼に言ったのは、『植田、この大会にU－16日本代表が参加しているけど、お前もあの青いジャージを着るんだよ。植田なら必ずそこに行けるから』ということ。本人はもともと負けず嫌いで、内に秘めた闘争心は凄まじいものがありましたけど、どこかで自信がなかったんでしょうね。でも僕は植田なら間違いないと感じたので、寄り添って、認めてあげて、励まして伸ばすことを意識的にやったつもりです。特に15～18歳の選手は認めてあげることが最優先。昨今では『承認欲求』という言葉がありますけど、認めてもらえて、背中を押された人間は強いですね」と平岡TAはしみじみと語る。

さらに言うと、植田も濃野同様にもともとはFWだったのだという。

「入学して1カ月後にはCBにしました。その頃、古沼先生がよく大津に来てくれていて、先生にも聞いたところ、『この選手はCBだな』と即答した。それだけ走力、跳躍力、キック力などの身体能力が頭抜けていた。他の誰にもないストロングでした。

本人はフィード力もないし、守備の基本原則であるチャレンジ&カバーもできなかった。1年生の夏に最初にU－16日本代表候補合宿に呼ばれた時には『なんでこんなこともできないのか』と言われて、悔しい思いをしたはずです。本人には『自分はサッカーを本格的に始めてまだ1年ほどです。だから教えてくださいと素直に言いなさい』と伝えていましたけど、それを本当に実践していたようです。『えっ、それでどうしてここにいるの?』と周りは思ったことでしょう。彼の素直さや、純粋に取り組む姿勢は、本当に目を見張るものがあったと当時のスタッフからも聞いています」

植田が大津にいたのは２０１０～13年。ちょうど10年くらい前である。その間の成長度というのは凄まじかった。日の丸を背負うことすらイメージしたことのなかった少年が２０１０年にU-16日本代表入りし、２０１１年U-17W杯（コスタリカ）に参戦。南野拓実（モナコ）や中島翔哉（浦和レッズ）らとともにベスト8入りの原動力となり、２０１６年リオデジャネイロ五輪、２０１８年ロシアW杯と最高峰舞台へと上り詰めたのだ。

彼が好例ではあるが、人間にはそれぞれ個性と特徴がある。正五角形の人間はほとんどいない。だからこそ、それぞれの進むべき道がある。それを一緒に寄り添って考え、勇気と自信を与えてあげることで、前向きな方向に進めるようになる。

谷口や植田、濃野のようにJリーガーになった選手だけではない。それぞれに輝ける場所を見つけ、社会や地域に貢献している。それを本気でやるのが、大津なのである。

古沼貞雄の言葉

『森保一という人から学ぶこと』

高校時代に芽が出なくても、後々になって大きく才能を開花させる選手も少なくありません。Jリーグが発足してから32年もの月日が経過しているのに、今もなお高卒、大卒の選手が日本代表になるのは、「一握りのエリートばかりが大成するわけではない」ということを如実に示しているのだと思います。

これは私が帝京で監督をしていた時にあったことです。第一印象は「生意気なことばかり言うやつだ」というネガティブなイメージだった選手が、指導者や仲間から「お前、そういう態度はないだろう」と注意され、「今日はすごく走るね」と褒められる経験を繰り返しながら、成長してレギュラーになりました。

最初は「あいつはとんでもない」と言っていたコーチも「ちょっと使ってみましょ

うか」という意見が出たり、仲間からも「今度はすごいやる気を出しているから試合に出してやってくれ」といった声も高まり、本人も目の色を変えて本気でサッカーに取り組むようになっていったんです。

　人間というのは必ず何かしら宝物を持っていて、それを認めてくれる人に出会うと光り始める。「落ちこぼれみたいに扱われている中にも優秀な人材がいる」というのは、人間社会の1つの真理じゃないかなと感じます。もちろん、実際には落ちこぼれではないんですけど、みんなが気づかない隠れた才能が表に出てくるのは、有益な出会いや前向きになるきっかけがあってこそ。それをどの段階で得られるかは人それぞれ。早いうちから認められるエリートもいれば、20代になってから輝く遅咲きもいると思います。

　内に秘めた素質はなかなか見出せないのが常。だからこそ、指導者は選手に寄り添っていくことが肝心です。そのアプローチに長けている人物の代表格が日本代表の森保一監督ではないでしょうか。

　森保さんはご存じの通り、サンフレッチェ広島の監督に就任した2012年にJ1初制覇を飾り、2013・15年にもタイトルを手にしています。その実績が高

NO 1

森保 一　日本代表監督2018/7～現在

広島サンフレチェ監督 2012 Jリーグ優勝
〃 13 〃
〃 14
〃 15 Jリーグ優勝
〃 16
〃 17/7

※ NHK プロフェシナル
放送より

○ 指導者として、心掛けること、大切なこと!!

● やる気を、引出す。
全員で、ねばり強い守備（組織での守備）

● ミスは皆んなで、修正する（カバーする）
サッカーでのミスは、あたりまえ!!

1、みんなで ― ねばり強く
2、ダイレクト・プレーのトレーニング（シンプル）
3、二部練習（週2～3回）特に若い選手（ランニング、技術、基本）
4、心をあずかる仕事が、監督の仕事
× ロボットに、してはならない!! 創造 考える

● 何事にも、こだわりを持つ、いつでも、どこでも話をする。
話をするタイミング大切
例、質問からする ＝ 相手の考えを、知る
話しは、笑顔で終る（良いイメージを持って、もらう）

11

矢板中央高校サッカー部配布資料

く評価され、東京五輪代表監督、日本代表監督に抜擢されたわけですが、「いつでもどこでも話をする」というのがモットーであると、NHK「プロフェッショナル・仕事の流儀」を見て知りました。

選手やスタッフと対峙すると自ら質問を投げかけ、相手の考えを知ろうとする。それをピッチ上のあちこちで行い、最後は笑顔で終わるという話を聞き、一人一人と真摯に向き合おうとしている姿勢が色濃く伺えました。

「心を預かる仕事が監督の仕事」というのも森保さんの信念だと言いますが、まさに的を得ています。選手をロボットにしないために対話をし、相手の思いを汲み取って、自らも考える。これを繰り返すことで、最善策が見えてくるのでしょう。広島がいち早く結果を出し、日本代表もカタールW杯でドイツやスペインに勝てたのも、選手の長所を引き出すアプローチが奏功したからだと納得させられました。

「やる気を引き出す」「ミスはみんなで修正する」ということも指導者として大事にしている点だといいますが、本当にサッカーはミスがつきもの。前向きなミスは褒めていいくらいです。ミスをいかにして仲間たちで補い合って勝利へと向かっていくか。その意思統一ができれば、チームはそう簡単には崩れないし、粘り強く戦

NO 2

※ 逆境でこそ

心が折れても、やらなければならない

敗けても＝自分らしく、短所を長所に……

逆境でこそ

基本に立ち帰る～大切さ

（例）"走ること、走れること!!

※ 失点多く、不調であった時には――走る

走るには……全員で走る、走る!!

ボール―おいかける、

そんな折、ガンバ大阪と対戦、試合は0－1で敗れるも

さわやかであった。なぜなら～ガンバッタ。

※ 逆境を克服する、ぶれない信念

（例）力のある選手の離脱、けが人多く

成績悪い時など!!

※ 指導者として大切なこと!!

よろこびを持って、ねばり強く、ドロ臭く仕事する

試合では失点0を、めざして戦う。

最後まで戦えること

戦い、つづけられること、人、選手を

育成すること監督の仕事

12

矢板中央高校サッカー部配布資料

えるものです。

高校サッカーでも、優勝するチームは全員が同じ方向を見て、全力で突き進める集団。帝京のよかった時代もまさにそう。私自身は森保監督のような世界レベルで修羅場をくぐり抜けたことはありませんが、数多くの選手と向き合い、才能を開花させたいと願い続けてきました。そのきっかけを与えるべく、これからの指導者にも全力で子供たちに真正面からぶつかっていってほしいと願います。

4　異端の指導者・平岡和徳の覚悟

出る杭が世の中を変える

1988年に熊本商業で教員生活をスタートさせてからというもの、平岡TAは教育者とサッカー指導者の二足の草鞋を履き続けてきた。

宇城市教育長8年目の現在も毎朝5時半過ぎには大津高校に一番乗りで行き、始発電車や自転車で登校してくる選手を迎える。彼らが自分でプランニングした朝練メニューをこなす傍らで1時間以上グラウンドをグルグルと歩き回り「おはよう」と声をかける。その一挙手一投足を見極め、必要があればアドバイスや声掛けをする。

それが終わると一目散で宇城市役所まで移動するが、朝は渋滞もあって片道1時間近くはかかる。そして8時半頃にはデスクに座り、公務を開始。それを済ませて、午後には再び大津高校へ移動し、全体練習を見る。場合によっては夜にJクラブのスカウトやサッカー関係者との飲みニケーションも入ってくる。2人の孫の面倒も見る。間もなく還暦というベテラン教育者は想像をはるかに超える多忙な日々を過ごしているのだ。

「平岡監督は自分が大津の指導を続けられるように熊本の教育界を動かした」といった噂も流れたが、二足の草鞋を履く名将に対してやっかみや皮肉を言う人も少なからずいる。そういうことも承知で、彼は「義理と人情、夢とロマン」という言葉を大事にして、教育とサッカー指導に情熱を注ぎ続けているのだ。

「僕がここまでサッカーを教え続けているのは、子供たちにそういう気持ちを持ってほしいからなんです。ただ単に仲間や対戦相手と競争するだけじゃなくて、相手を思いやって一緒に感動する経験をしてほしい、一心不乱で頑張っているチームメートとともに泥だらけになり、歯を食いしばって努力する……といった時間を過ごすことで、人生は必ず豊かになると僕は信じているからです。

世の中は手を取り合うか、足を引っ張り合うかの2つに1つしかない。義理や人情があれば、足を引っ張り合うような関係にはなりませんよね。仮に下級生に自分のポジションを取られた先輩がいたとしても、『悔しい』とは思っても『下級生を蹴落としてやる』とか『失敗させてやる』といった悪意になるはずがない。そういう関係を大津は作ることができると確信しています。

僕自身のことも賛否両論があるのは承知しています。市議会では『どっちかやめろ』と意見を口にする人もいました。

ただ、しっかり認識してもらいたいのは、僕の大津での指導は無報酬。ボランティアなんです。兼業には当てはまらないですし、宇城市長も全く問題ないと言ってくれています。当然、教育長の仕事は疎かにはしませんし、120％の力で取り組みます。

サッカーは僕のライフワーク。水や空気のようなもので、よりよく生きるエネルギー源なんです。実際、サッカーに携わり続けることで、新たな出会いが生まれますし、教育行政のヒントにもなる。そこは大きな意味を持つことなんです。

人は枠組みからはみ出した人のことを疑問視したり、色眼鏡で見たりしがちですけど、そういう人間が世の中を変え、常識を変えていく。今後も〝平岡流〟で頑張っていきたいと思っています」

サッカーに導かれた人生

まさに覚悟を持って仕事とサッカーに向き合っている平岡ＴＡ。その生きざまは恩師・古沼先生に影響された部分も少なくないだろう。

古沼先生も帝京高校監督を退いた後、東京ヴェルディのアドバイザーを経て、滝川第二、流通経済柏、青森山田などの指導に携わり、全国制覇の一助になってきた。さらには大津、帝京長岡、矢板中央といったチームも全国トップ４以上に押し上げている。

80代になった今も高校総体や選手権には顔を出すし、日本代表や五輪代表、高校年代のゲームを映像でチェックし、次なるアクションを起こしたいと考え続けている。

サッカーが生きる原動力になっているのは間違いない。その貪欲な生きざまを目の当たりにして、平岡ＴＡや山城監督ら年齢の若い人々は思うところがあるはずだ。

「僕が二足の草鞋をしっかりと履いて、正しい方向を体現しないと、サッカーの魅力も伝えきれないし、全てが中途半端に終わってしまいかねないと感じています。

最近の古沼先生は『観客席で死にたい』と冗談交じりに言っていましたけど、僕もそれこそ『グラウンドの上で死ぬ』くらいの突き抜け方をしたいと思っています」

昭和、平成、令和と時代は変わっても、指導者に情熱がなければ、子供たちの心は動かない。偉大な2人の名将の生きざまから、我々はその重要性を再認識すべきではないだろうか。

古沼貞雄の言葉

『生きている、今日のよろこび』

私が帝京を退いて約20年。当時60代だった私も80代半ばになりました。今は認知症の妻の面倒を見ながら、アドバイザーを務めている矢板中央の試合に可能な限り、足を運んでいます。しかしながら、昔は負担にも感じなかった長距離運転が徐々に難しくなり、新幹線に乗るにも、足の不安で移動がしんどくなってきている。歳をとり、寂しさが募る今日この頃です。

私の場合、何回か全国優勝をさせてもらって、歓喜を味わっている分、グラウンドで笛も吹けない現実が辛くなります。「人間はいつかそうなるんだ」と頭では分かっていましたけど、こうやって日陰の立場になっていくのは本当に苦しい。長嶋茂雄さんのようなスーパースターも同じような思いを抱えているんでしょうか……。できることなら、話を聞いてみたいものです。

今の自分の楽しみは、毎朝、新聞のスポーツ欄に目を通して、活躍している選手、生きざまに興味が湧く選手をチェックすること。その一つ一つを関わっている子供たちの参考にしてほしいと考え、自分なりに資料をまとめています。日記もつけていますが、かなりの冊数になりました。書き留めた話を時々、ミーティングなどで話していますが、自分のやっていることが少しでも後の時代を生きる人たちの役に立てばいいですね。

高齢社会が進み、私のような人間が増えていると思いますけど、今、自分にできることを全力でやって、天寿を全うするしかない。それが人の定めだと思います。若い頃は切実には考えなかったですが、年齢を重ねれば重ねるほど、「今を懸命に生きることの大切さ」を痛感しています。だからこそ、若い人たちには目の前のことに力いっぱい向き合ってほしい。その日々は尊く、かけがえのないものです。

高校サッカーの部活動も何十年後には学校単位の運営が難しくなって、今のような状況ではなくなるかもしれない。地域移行が進んで違った形に変化する可能性もあります。それでも私は、高校生がサッカーを通じて人として成長する場が残ることを願います。そこに長く携わってきた人間の1人として、未来の思いを託したいです。

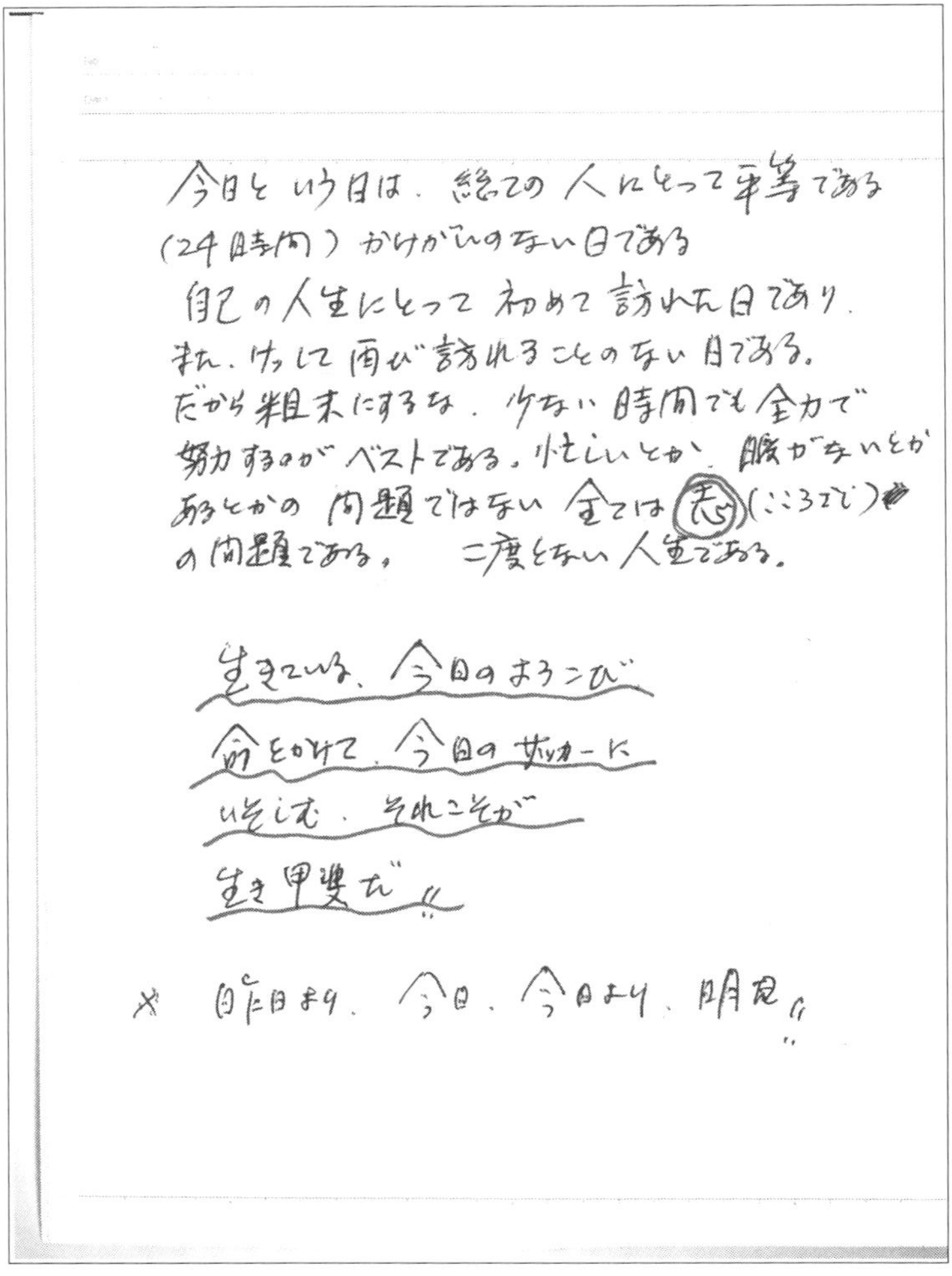

今日という日は、総ての人にとって平等である
(24時間) かけがえのない日である
自己の人生にとって初めて訪れた日であり、
また、けっして再び訪れることのない日である。
だから粗末にするな、少ない時間でも全力で
努力するのがベストである。忙しいとか、暇がないとか
あるとかの問題ではない 全ては志(こころざし)
の問題である。 二度とない人生である。

生きている、今日のよろこび
命をかけて、今日のサッカーに
いどむ、それこそが
生き甲斐だ!!

※ 昨日より、今日、今日より、明日!!

講演会用のメモ書き

第5章

特別対談

古沼貞雄×平岡和徳

子供たちの未来を輝かせるために

過去10年間の高校選手権を見ると、青森山田が4回優勝と群を抜いた強さを誇っているが、70〜90年代にかけて圧倒的な実力を示していたのが名門・帝京だ。

名将・古沼貞雄監督は1974年度の第53回を皮切りに、77年度（第56回）、79年度（第58回）、83年度（第62回）、84年度（第63回）、91年度（第70回）と合計6回も頂点に立っている。それは小嶺忠敏監督が率いた国見と並ぶ歴代2位タイ。かつて名門と言われた藤枝東や清水商業、現在も全国トップレベルにいる市立船橋などを上回る結果を残してきたのである。

大津の平岡和徳TAが帝京の扉を叩いたのは、まさに古沼監督の絶頂期。師弟関係の2人が当時の帝京を振り返りつつ、現在につながる選手育成論、教育論を熱く戦わせた。

汗と泥にまみれた夏合宿

――古沼先生が平岡さんを指導していた80年代は「厳しく鍛える」というのが定番でした。特に帝京高校は夏休みに菅平合宿で猛練習していたイメージがあります。そのあたりから振り返っていただけますか？

平岡　夏は多少理不尽であっても困難に立ち向かっていくメンタリティと人間力を引き上げることが目的だったと僕は認識しています。

とはいえ、朝6時キックオフの朝食前リーグ（学年対抗戦）、午前練、午後練……と最低3回は全体練習がある。旅館からグラウンドまで片道3キロですから、往復6キロ×3＝18キロは行き来だけで走ることになる（苦笑）。

一番精神的に楽だったのは、中日のフルマラソン。朝8時半にスタートして、42キロを走れば終わるわけですから、午後のオフは本当に嬉しかったです。

古沼　合宿は1週間でしたけど、天候の善し悪しによって内容がかなり変わりました。午前中に雨が降れば15〜16キロ走って、午後も雨なら同じくらい走ることもあったかな。確かに当時の練習は常識的なレベルから逸脱していたかもしれないけど、せっかくお金を払ってトレーニングに行っているんだから、何もしないわけにはいかないよね。

私は箱根駅伝を走りたくて日本大学に行った人間なので、1日30〜40キロ走るなんて当たり前だった（笑）。だから、このまま走らせたら倒れるかどうか、疲れているのかどうかは表情で読み取れたんです。辛い体験をさせることも1つの教育だと考えてやっていましたよ。今の時代ではとんでもないことだけど。

平岡　学年対抗戦で負けると、失点数×グラウンド5周を走らされるというのもありましたね。僕らの代は広瀬治（元浦和レッズ）、前田治（元横浜フリューゲルス）といった能力の高い選手がいて、上級生に勝つことも結構ありました。でもそうなると先輩から説教をされるから怖かった。「部屋から出られない」「風呂も入れない」という選手もいたくらい。

やはり、帝京の合宿は「汗を流して泥まみれになるという体験」ですね。学年対抗戦のような切磋琢磨する環境があって、失敗体験から自分の不甲斐なさを感じ、足りないところを埋めるために努力するとか、前向きに挑戦する力を磨く場でもあったと思います。

古沼　私が大事にしていたのは、ただボールを蹴ることだけじゃなかった。それ以上に出された食事を残さないとか、風呂の入り方、部屋の掃除といった生活面をしっかりやれるかどうかをしっかり指導してい

古沼氏が監督（後列右）、平岡氏（前列中央右）が主将を務めた時代の主要メンバー。
写真：ベースボール・マガジン社

たつもりです。

毎年泊まっていた旅館の主人が「今年の帝京は強そうですね」という時は、必ずと言っていいほど、そういった基本的な部分が徹底されている学年でした。平岡君の時もそうだった。逆に合宿中に熱を出して病院に行くような生徒が5人も6人も出るような学年は、良い成績が残らなかった。人間の基礎体力・基本的な精神が養われていて、初めて頂点に立てる。サッカーだけができるだけじゃダメなんですよ。

「打倒・古沼」の時代

古沼先生の徹底した人間教育が結果につながったのが、平岡さんの時代でした。平岡さんが2年生だった82年度（第61回）は準決勝で清水東とぶつかり、長谷川健太さん（名古屋監督）の一撃で0－1で敗れましたが、3年の時は見事に決勝でリベンジして、頂点に立ちました。あの名勝負は今も多くの高校サッカーファンの脳裏に焼き付いてます。

平岡　僕が2年の時は鹿児島の高校総体で優勝し、選手権も優勝候補として臨んだけど、健太にやられてしまった。宿舎に帰って、古沼先生が保護者の前でマイクを持たれた時、僕は真後ろで話を聞いていたんですけど、声を詰まらせていて、涙ながらに挨拶をしていたことがよく分かりました。あの先生の姿が次の1年間の大きなモチベーションになったのは間違いないですね。

古沼　実は平岡君が2年の時は清水東にある程度の負けを覚悟していました。というのも、春先のフェスティバルで0－7の大敗を喫していたから。もともと清水東の勝沢要監督は「打倒・帝京」「打倒・関東」で闘争心を燃やしていた方。そういう人が作っているチームに負けたんだから、厳しいのは分かっていましたし、実際、長谷川健太に一発を食らった時に「ああ、やっぱり今年は勝てなかったか…」と悔しさが湧いてきましたね。
そこから私は「次こそは」と自分を奮い立たせた。初めて筋トレを取り入れ、選手たちを西が丘の施設に通わせて、体を鍛えさせたんです。

当時はまだフィジカルトレーニングの知識が乏しく、ようやく必要性が言われるようになった頃。きっかけは、60~70代の西が丘でタクシー運転手が凄まじく鍛えていた風景でした。40代の自分はもちろんできるだろうと高をくくっていたけど、バーベルも上げられない。カチンと来て、体重も絞り始め、選手にも半ば強要した形です（笑）。

平岡　古沼先生は、当時では考えられない高校生を西ドイツ遠征をさせるという画期的な試みもされましたけど、新しい感性で物事を捉えていくことができる名指導者です。それを他のライバルの先生たちも知っているから、僕が九州に帰った後には、小嶺先生も松澤先生も「古沼先生は何やってるの？」とよく聞かれました。その時代は、常に「打倒・古沼」のような空気感があったと思います。

古沼　新しい試みで言えば、格上の大学生や社会人に胸を借りるというのも、平岡君の時はよくやりました。東京都内だと、帝京のAチームと互角に戦える高校があまりなかったのもありますけど、大人のチームとやらせることによって鍛えられる部分があると感じました。毎週やっていたら体が壊れる危険性があるので、月に1～2回程度でしたけど、トライはさせました。

平岡　確かに僕が1～2年の時は、習志野や浦和南と練習試合をしていましたけど、3年になってからは東海大学とか三菱自動車（現浦和）や古河電工（現ジェフ千葉）、フジタ（現湘南）といったJFLチームの若手メンバーが相手でした。清水東に勝って日本一になるためには、格上の集団を倒せるようにならなければいけない……。そう

驚くほどの記憶力で、帝京監督時代のエピソードを事細かに語る古沼氏。

いう狙いからマッチメークしたということなんですね。

古沼 私はもともと陸上選手で、サッカー選手じゃなかったから、既成概念に囚われることなく、いろんなことにチャレンジできたのかな。

加えて言うと、帝京は公式戦ができるグラウンドがなかった。石ころだらけの狭いグラウンドだから、大学生やＪＦＬクラブのところに出向くと一気に環境がよくなります。そこでいい試合ができれば自信にもつながる。

それを1年間やり続けた結果が、平岡君たちが3年だった時の選手権優勝だったのかなと思います。

平岡 清水東に1－0で勝てたのは先生のストーリー通りだったんですね。腑に落ちました。

――その話を今の大津に置き換えてみると、もう少し格上のチームとの対戦を増やす必要がありそうですね。今はプレミアリーグがあって、日程的に難しいですけど、大学生やロアッソ熊本などＪクラブとテストマッチを組むのも一案かもしれません。

古沼　私から見ると、大津がこのレベルまで来ているのに、高校総体も選手権もチャンピオンになれないのは不思議です。格上の簡単に勝てないチームと3～4試合戦う機会を作って、2～3点取られて悔しい思いをした選手たちを叱咤激励するのも1つの方法論。昔のことを考えたら、週2試合くらいやらせてムリさせるのは全く問題ない。ＪＦＬでコンスタントに上位にいるＨＯＮＤＡ ＦＣあたりがよさそうだね（笑）。

平岡　大津の場合、個人がＪクラブに練習参加するような機会は結構あるんです。「かわいい子には旅をさせよ」で。ただ、チームとして強い相手に胸を借りる機会は少ないかもしれない。僕は今、どうしても日本一になりたいので、いいヒントをいただきました。
もう1つ、トーナメントで勝つためにはタテに速いサッカーが必要になっていきますよね。かつての帝京がやっていたように、堅い守備をより徹底しないといけないと感じます。

古沼

今季J1で首位を走っている町田ゼルビアの黒田（剛）さんにも、日本代表を指揮した岡田（武史）さんにも、「サッカーは守りなんだ」ということを言いました。それを気づかせてくれたのは、高体連の大先輩に当たる学習院高等科サッカー部監督をされていた鈴木勇作さん。「サッカーは11対11でやるけど、本当の真髄っていうのは守りなんだ。大学サッカーを見ても、そこまで技術の高くない東京教育大学（現筑波大）が早稲田とかといい勝負ができるのは、しっかり守って数少ないチャンスをモノにしているからだ」と言っていて、その通りだなと感じたのが始まりです。

平岡

だからこそ、格上の相手に挑まなければいけないってことなんでしょう。いずれにしても、高体連の強いチームは夏から冬にかけて「なにくそ魂」を鍛えてきていると思うんです。今は日程も詰まっているので、夏合宿もなかなかできないですし、帝京時代のような理不尽は人を育てるといったアプローチも難しいですけど、ここぞという時に覚悟を決めて取り組めない人間、サッカーに夢中になれない人間に成功はない。才能ある選手がタフに走れたら鬼に金棒。足を鍛えるのは人生を鍛えるようなものだと僕は思っているので、そうなるようなアプローチが必要ですね。

やる気を引き出す言葉配り

――令和の時代は指導者側が一方的に課題やテーマを与えたところで、生徒たちはなかなか進んでやりません。彼らを納得させて、やる気にさせるのが一番難しいところです。古沼先生は誰もやっていないことを取り入れる斬新さや大胆さで選手を惹きつけていたと思いますが、平岡さんはいかがですか？

平岡　大津の場合は幸いにしてスポーツコースがあります。ランニング一つとっても、「ふくらはぎ周辺の毛細血管を鍛え、酸素運搬能力を引き上げ持久力を向上させる」くらいの解像度で生徒たちは勉強しているので、トレーニングの意味を理解できる。本気になって取り組める環境が整っています。

人から「やらされている」と思うと、なかなか進歩はない。意欲を持ってもらうには言葉配りが重要です。古沼先生はその話術に長けていると僕は生徒時代から感じていました。その真似まではいかないけど、受け継いだものを未来へつなげていく作業をしなきゃいけないと思いながら、ここまで来ました（笑）。

古沼

そこまでの自負はないけど、「ダメなものはダメ」というような話し方はしてきたと思います。「古沼先生から教わったことはあるか」と聞かれて、10人中10人が「別にないです」と言うでしょうけど、物事を考える方向性は示したつもりです。

自分が帝京で教えていた頃は、「バカ、そうじゃねえだろう」「バカ、なんでそのシュートを右に持っていくんだ」というように、つねに「バカ」をつけるのが口癖になっていました（苦笑）。どうしてかわからないけど、「怒らなきゃ」と思っていたんです。

だけど、帝京を退いて他のチームに行くようになってからは「こうじゃないの？」「こうした方がいいと思うよ」といった説明、説得するような言い方に改善しました。方法論の変化はそのくらい。あとはムダな時間を作らないようにして、迅速に練習メニューをこなしていったことですね。私はグズグズしているのは大嫌い。ピリッとした空気がないチームは勝てないですから、そこはしっかり伝えようと考えていました。

平岡　そこは僕も意識している点です。

2023年7月撮影。朝練を終えると、職場である宇城市役所へと足早に向かった。

100分間しかないトレーニングの中で、ダラダラとストレッチしたり、メニューとメニューの間の時間が必要以上にかかったりするのは絶対にダメ。気が利いている選手は、いち早くマーカーを置いていたり、次の練習を予測して準備をしているものですが、そうではない選手に「お前は抜けて、外を走ってろ」と言える時代じゃない。子供たちになぜそれがダメなのかを説明し、納得してもらうことからスタートしています。

「高校生のくせに生意気だ」

――子供たちのやる気を周囲の大人も一緒になって応援してくれればいいのですが、近年は保護者含めてなかなか難しい時代になっています。選手が頑張っているのに親がクレームをつけたり、SNSに批判や誹謗中傷が書かれることも増え、子供の成長にブレーキをかけるような状況も起きていますね。

古沼　私が帝京にいた時代はインターネットもここまで発達していなかったけど、いろんなことを言う人はいたと思います。実際、選手権の時に「せめて宿泊先と食事はグレードアップしよう」と考えて、ホテルニューオータニに宿泊して優勝したら「帝京は豪華なホテルに泊まって、朝からステーキ食べてるから、勝てるわけだ」みたいなことを言われましたから（苦笑）。海外遠征に行けば「高校生のくせに生意気だ」といった批判も耳にしました。聞き流していいものは聞き流すようにしていましたけどね。

平岡　僕らは教育する立場ですけど、情報モラルを教えていくのも1つの仕事です。2024年のパリ五輪でも誹謗中傷が問題になりました。アスリートの素晴らしいプレーを親子で見て、「素晴らしかった」と涙を流すような家庭だったら、自然と選手をリスペクトする気持ちも生まれてくるでしょうし、悪い人間は育たないと思います。

やはり家庭が教育の一丁目一番地ですし、そこは情報モラルを教育する学校でもあるべきです。最初の学校（家庭）でしっかり学べなければ、幼稚園に行っても、小学校、中学校に行っても基本がなっていない人間になってしまうし、ボロが出る。基本がしっかりしている人間は立ち返る場所がありますけど、それがないと自分以外を壊していこうと他の人の足を引っ張ったり、匿名の誹謗中傷もできるのでしょう。手を取り合う人間を多くするために、家庭教育を強くお願いしていきたいです。

古沼

私の妻が幼稚園の先生でしたが、「どうして地球は回るのか」とか「空気は何でできているのか」「隣の家は金持ちなのに、どうして僕の家はお金がないのか」といったことを連日、聞いてくる子供がいたんだそうです。それはつまり家に大人がいなかったり、率直な疑問を投げかけられる親がいないということ。「大きくなってしっかり勉強して、外国の学校にでも行って、答えを先生に教えてちょうだい」と返していたようなんですけど、やっぱり家庭教育が大事だなと痛感させられます。

平岡

家族が食卓に揃ってコミュニケーションしているような家庭なら、その質問は解決できていますからね。親が子供の教育を棚上げして、学校の先生に任せて、うまくいかない時は「担任のせい」「学校のせい」というようになるのは本当によくないことです。

こうした現状を前向きな方向へ変えられるのはスポーツしかない。僕はそう思っています。自分が帝京サッカー部の1000日間で得たものは、まさに今に残る不易なもの。時代を超えても変わらない価値があるものです。それを一過性にせず、リスペクトしながら、自分流を加えつつ実践することに僕はずっとトライしてきました。不易と流行をミックスさせて取り組むことが古沼先生への恩返しに

第62回全国高校サッカー選手権直前の練習風景。古沼氏が取り入れた筋トレの成果が表れている。

なると信じています。

全国高校サッカー選手権が一番

――大津での平岡さんは帝京で得た財産をベースに、よりよい人間教育、選手育成に注力し続けてきました。そんな中でまだ達成していない日本一をつかむことが、古沼先生への最大の恩返しになりますね。

古沼 今の大津は高校サッカー界でやるべきことは全てやってきたと思います。試合に勝つために目標を定め、そこに向かって努力をし続けてきたのに、勝ち切れてないということが一つの壁になっているのかなと感じます。

自分は滝川第二や流通経済柏、青森山田などの指導に携わりましたけど、やっぱり選手権は最高だよね。五輪で金メダルを取った人が、その瞬間を「人生の最高峰」と感じるのと同じ。彼らは20年30年が経った後に「自分は金メダルとったんだな」という感慨に浸ることがあると思いますけど、選手権も本当にそう。だからこそ、平岡君にも取ってほしいんだよね。

平岡　100回を超えるような大会の勝者は本当の意味でのチャンピオンっていうことなんでしょう。高校選手権は認知度も高いし、そこに向かって4000校の学校の子供たちが努力している。日本サッカー協会のバックアップもあって、日本テレビが箱根駅伝と同時に放送するようなビッグイベントは一朝一夕には作り上げられないものです。

Jクラブの子たちは、「うつむくなよ、振り向くなよ」という選手権のテーマソングを聞くと一番寂しい気持ちになると聞きますけど、それだけの価値がある大会なのは間違いない。古沼先生が語気を強めるのも分かります（笑）。

古沼　93年にJリーグが発足しました。そこで優勝しても、同じような感覚は得られると思います。でも、選手権は選手権なりの一番なんだよね。プロで優勝した人たちに「本当に心の底から『やった』という気持ちになれたかどうか」を聞いてみたいです。

平岡　僕自身の経験から言うと、高校2年の時に高校総体優勝、3年の時に高校選手権優勝をしていますけど、全然違う感覚でした。ましてや、僕らの時は1964年の東京五輪以来の国立競技場超満員（6万人超）という素晴らしい環境でプレーさせてもらえた。あの経験は本当に印象深いですし、だからこそ、生徒たちをあそこに連れていきたいという思いが、今の指導の原点にあります。

古沼　「選手権の経験者は日の丸をつけて大舞台を戦うことに慣れている」といったことも言われますけど、実際にそうだと思います。高校サッカーで大舞台を経験した人が、日本代表になっても特別な違和感というのは感じない。そのまま延長戦上で「よし、よし」と新しい掛け声で気持ちを入れ替えられる。そういう強みもあると思いますよ。

平岡　自分もその境地に到達できるように頑張りたいです。

指導者は我が道を行く以外にない

――最後に、百戦錬磨の指導者・教育者である古沼先生、平岡さんに若い世代へのメッセージをいただけますか？

古沼　とにかく、自分を見ること。人に支配されてどうこうするっていうことじゃなくて、我が道を行く以外にないと思うんです。サッカー指導者であれば、それを自分の一番の仕事だと思えれば、立ち向かっていく以外にない。

高校サッカー選手権で優勝した経験が、今もなお、2人の心に火を灯す。
写真：ベースボール・マガジン社

もしもそれを疑問に思ったり、「高校サッカーなんて教えてられない」という感覚になるのなら、続けていても価値はない。成果も自ずと上がらなくなるものです。全ての基本は情熱です。日本にスポーツが入ってきた時に「運動」って訳した人は素晴らしいと思います。動かないと運が回ってこない。動かないと役に立たない。

平岡 動いてなんぼってことですね。仕事に情熱と誇りを持って、動き続けることが大事なんですよね。

古沼 まさにそれがスポーツだと思います。パリ五輪の卓球団体銀メダルと女子シングルス銅メダルを取った早田ひな選手（日本生命）にしても、ケガをした時はひたすら走っていたと聞いています。肩が痛い、肘が痛い、ラケットを握れない時はただひたすら走っていたと。それを繰り返した結果、痛みが治まった後には強烈なドライブを打てるようになったんですよね。
体操の男子個人総合金メダルを取った岡慎之助選手（徳洲会）もケガをした時に

は、泳いで・泳いで・泳いで、走って・走って・走っていたと。ダメな時でも人間、体を動かすことが大事なんです。

平岡　女子やり投げ金メダルの北口榛花選手（ＪＡＬ）も陸上の練習だけでなく、水泳のバタフライに取り組んで、ステップワークなどもこなしていた。やり投げには必要ないと思うようなことを総合的にやり始めたら記録がどんどん伸びたと言います。体を動かすのは、一部分にプラス効果を与えるだけじゃない。脳への影響も大きいと思います。脳を活性化するためには、言語化、文字化も重要です。いずれにしても、先生も取り組んでこられたように、周囲からすぐに評価されなくても、自分の信念を通しながら、粘り強く取り組んでいくことが一番大事だと思います。

古沼　成功する人間は「あいつ、一体、何やってるんだ」と疑問視されることが多い。だけど、そういうものです。人が気づかないことをより多くやっているからこそ、周囲の理解が得られないんです。

平岡　僕も古沼先生からいただいたアドバイスをチームに落とし込んでいこうと思います。自分の不易なものは、帝京の１０００日間の経験。何かあった時にはそこに立ち戻り、そして再び前進していきたい。「あそこが原点だった」と選手権優勝インタビューで言えるように努力していきます。

かつて帝京の熱血監督として日本中に名を轟かせた古沼先生も85歳、高校生だった平岡TAも59歳になった。長い年月が経過しても、２人の高校サッカーに対する情熱はとどまるところを知らない。こういう指導者がいたからこそ、日本サッカーは世界と同じ土俵に立ち、強豪国を撃破するまでになった。その事実を改めて認識しつつ、２人の言葉をしっかりと脳裏に刻み付けたいものである。

〈巻末インタビュー〉

「失敗する勇気」が未来を切り開く

岡田 武史

古沼先生が率いていた帝京高校とは、僕が古河電工の現役選手だった80年代によく試合をしていました。ですが、当時はご挨拶をさせていただく程度。古沼先生と初めてゆっくりお話をしたのは、僕がコンサドーレ札幌で監督2年目を務めていた、２０００年のオーストラリアキャンプでのことでした。

その頃、私が目指していたのは「世界に通じるサッカー」。しかし、選手たちは要求したところにパスを蹴れないレベルで、99年はＪ２・５位。Ｊ１昇格争いにも参戦できませんでした。

そんな自分を見かねてか、古沼先生は「岡田さん。世界に通じるサッカーもいいけど、今年勝った方がいいじゃない。ともかく勝たないと、どんなにいいサッカーをしてもダメだよ」とハッキリと言いました。そのことがとても衝撃的で、深く印象に残っています。

僕はもともと勝利にこだわる方だったのに、そういう自分を素直に見ないで格好つけていたところがあったのでしょう。身の丈に合わないことを要求された札幌の選手たちも辛かっただろうと再認識しました。古沼先生の言葉に背中を押されて、２０００年は勝ちを追求し、Ｊ２優勝してＪ１に上がることができました。

どんなカテゴリーでも、結果を残してきた人には必ず何かがあります。特に古沼先生も含め高校サッカーの監督方は、サッカー未経験という方も多くいらっしゃいましたが、人に話を聞きに行くなどしてかなり勉強をされていました。だからでしょうか、プロの指導者とは違う視点や考えをお持ちのようでした。

帝京で宮内（聡）や金子（久）がどういう指導を受けたのか、どういう練習をしてきたのかは知りませんけど、帝京の選手は高校生の頃から落ち着いて、冷静に戦術を遂行していました。古沼先生はそう仕向けるアプローチをしていたのだと思います。

大津高校の平岡さんは、そんな古沼先生の教え子の筆頭。古沼先生が大津のベンチに入っている姿は見ていたので、「2人は意見が合うんだろうな」と感じていました。

「名将」と言われる人の側にはコーチがいますが、その全てが成功するとは限りません。単に名将のやり方をマネするだけでは意味がなく、名将の真髄や情熱を受け継いで、自分なりの表現方法で実践するからこそ結果を残すことができる。そういう意味では、古沼先生と平岡さんは師弟関係の非常にいいモデルなのだと思います。

僕も指導者の先輩・加茂周さんに呼ばれて日本代表のコーチになりましたが、古沼先生と平岡さんの関係とは少し違う。ただ、古沼先生と加茂さんは同世代で、上から目線という感覚を持たずに、いろいろな方とフラットに付き合って学ぼうという姿勢を持っていました。そのスタンスは加茂さんから教わったところ。サッカーの現場を離れて経営の道に進み、今年からFC今治里山高校の学園長になった今の自分にも、すごく生かされています。

僕がなぜ、教育に携わろうと考えたのか。それは、「この先、ロールモデルのない時代がやってくる」と確信したからです。

2024年4月にドバイで洪水が起きました。砂漠地帯のドバイでそんなことが起きるなんて誰も予想していませんでしたよね。政府も先生も対処法が分からないし、インターネットやAIも教えてくれない。前例のない問題に直面した時は自分で考えて行動するしかない。チャレンジすれば半分は失敗しますから、覚悟してアクションを起こす必要がある。僕はこうした「エラー&ラーン」を実践できる環境を作りたかったんです。

開校から約半年が経過し、生徒たちは目覚ましい進歩を遂げています。授業は午前中に行い、午後はフィールドワークがメイン。その一環として、自分たちで全て計画して、5泊6日のお遍路に行く体験をしてもらいました。後に成果発表を聞いたのですが、高校生とは思えないくらいしっかりした内容をまとめてきたんです。入学式の時は「本当にどうなるのか」と不安視していたのに、人間というのはここまで成長するのかと本当に驚かされました。

大事なのは、そうやって「心に火をつける」こと。古沼先生が現場に立っていた昭和の頃は、根性や理不尽を前面に押し出すことで、生徒は目の色を変えて、ガムシャラに取り組みましたけれども、同じやり方では今の若い人たちの心に火はつかない。強制したり、罰を与えたりしたら、きっと逃げ出すでしょう。社会も認めなくなってきています。

だからこそ、いかにして本人をその気にさせるかを考えてアプローチしなければいけない。褒めたり、おだてたりしながら、前向きなマインドを持たせるのも1つの手でしょうし、あえて厳しいことを言うのもありでしょう。綺麗な言葉を使う、無言で何かを感じさせる、背中を見せる……など、100人いれば、アプローチ方法は100通りあります。

古沼先生も平岡さんも長年、その術を模索し続けてきたのではないでしょうか。その中には「エラー&ラーン」があったはずです。やはり指導者や先生、保護者に必要なのは「勇気」、特に「失敗する勇気」だと僕は強く思います。今の日本では「教育は失敗してはいけない」という空気がありますが、自分は学校教育のド素人だから、何事もやってみなければ分からないし、失敗したらまた変えればいいと割り切っています。

こうしたマインドになったのは、41歳で日本代表監督に就任し、98年フランスW杯アジア最終予選の修羅場をくぐり、初めて本大会に出場するという経験が大きかった。

カザフスタンで加茂さんからバトンを引き継いだ直後は、自分があれほど有名になるとは考えていませんでした。バッシングも受けましたし、自宅の電話番号を電話帳に掲載していましたから脅迫電話がひっきりなしにかかってくるし、脅迫状もたくさん届きました。家の前にはパトカーが24時間体制で停まって警備に当たるという状況に陥りました。

97年11月16日にイランとの第3代表決定戦が行われた前日、ジョホールバルから妻に電話して「明日勝てなかったら日本には帰れない」と悲壮な覚悟を伝えたほどです。

でも、その数時間後に「もういい、俺は明日急に名将にはなれない。明日できることは、今の自分の力を100%出し切ることだけだ。もしだめだったら、自分の力が足りなかったということだからしょうがない。国民の皆さんに謝ろう。悪いのは自分を監督にした(長沼健)会長なんだから」と開き直った。その瞬間から怖いものがなくなりました。

当時、遺伝子工学の村上和雄教授が「遺伝子にスイッチが入る」という話をしていました。「氷河期や飢餓期を乗り越えてきたご先祖様は強い遺伝子を持っているけど、今のように便利快適安全な時代は遺伝子にスイッチが入らない」と。僕の場合はジョホールバルでギリギリの状況に直面した時が、遺伝子にスイッチの入った瞬間だったのだと思います。

そういう転機はいくつになっても起こり得る。きっかけもつねに転がっている。これまでは社会や上司、学校といった環境が試練の山を与えてくれましたけど、これからは自分で目標設定をして、チャレンジし、乗り越えていくことが必要になる。そういう時代になることを想定して、保護者も過保護になりすぎずに、子供が自分で育つように仕向けていってほしいと強く願います。

実際、人を育てるというのはそんなに生易しいものではありません。僕は「あの人は苦しいときになにもしてくれなかった。ひどい人だ」と言われるくらいの覚悟を持ってピッチに立っていましたけど、彼らもそのくらいの覚悟があったはず。難しい現場で奮闘してきた古沼先生や平岡さんの姿勢や心構えは、指導者としての在り方を考える際に大きな参考となるでしょう。

おわりに

日本代表が98年フランスW杯に初出場してから26年。日本代表は次の2026年北中米W杯で優勝という大目標を掲げている。アジアを突破するだけで死に物狂いだった岡田武史監督の時代から見れば、まさに隔世の感がある。

選手に目を向けても、遠藤航（リバプール）や冨安健洋（アーセナル）ら世界的ビッグクラブに所属する人材が複数出てきて、欧州5大リーグ参戦も当たり前になってきている。これほど日本サッカーが急激に成長したのは、紛れもなく育成年代の力によるものだ。

古沼先生や平岡TAを筆頭に、全国各地の育成年代の指導者や先生が情熱を持って子供たちと接してきたから今がある。特に高校サッカー出身者は人間力に秀でていると言われるが、帝京や大津ではそれだけの人間教育が行われている。高校3年間が人生を生き抜く糧となるように工夫し、実践されているからこそ、優れた選手、サッカーや社会を支える人材が数多く輩出されている。そこは改めて多くの人々に認識してほしい点である。

古沼先生も平岡TAも「家族には迷惑をかけた」と口癖のように言っているが、週末も長期休みも全てサッカーに注ぐのはある意味、ワーカホリックである。平岡TAが宇城市教育長の仕事に向かう前の早朝5時半から毎朝、大津のグラウンドへ行って、1時間以上ウォーキングをしながら200人以上の生徒たちを凝視する姿を目の当たりにして「この人はこれを40年近くやってきたのか」と驚きを禁じ得なかった。

その情熱が子供たちの心にスイッチを入れたはず。やはり熱い思いこそ、人の心を動かし、やる気にさせるのか。岡田武史さんも「いくつになっても遺伝子のスイッチは入れられる」と語っていたが、何事もやる気次第で何とでもなる。多少の挫折にぶつかっても、諦めずに前進し続けることの大切さを、本書から感じ取っていただければ幸いである。

この取材を始めてから、大津を巡る問題、古沼先生の体調不良や奥さんの認知症など数々のハードルに直面し、筆者も左膝の骨折・入院というトラブルに見舞われた。そういった苦境の中でも力強いサポートをいただいた内外出版社の小見敦夫さん、編集担当の小林カイさんには、感謝の言葉もないくらいの有難さを感じている。執筆で苦しんだ時の温かい言葉や的確なアドバイスがなかったら、ここまで来られなかった。

古沼先生と平岡さんにも長い間、お付き合いいただき、心から感謝しています。これからも元気でサッカーに邁進していただけることを祈り続けています。

2024年11月　元川悦子

〈著者紹介〉
元川悦子（もとかわ・えつこ）
1967（昭和42）、長野県生まれ。千葉大学法経学部卒業後、業界紙、夕刊紙記者を経て、94年からフリーランスのサッカージャーナリストとして活躍中。現場での精緻な取材に定評があり、J リーグからユース年代、日本代表、海外サッカーまで幅広く取材。ワールドカップは94年アメリカ大会から8回連続で現地に足を運んでいる。近年は多様なジャンルの人物取材を手掛ける。

不易流行　古沼貞雄×平岡和徳

発行日　2024年12月20日　第1刷発行

著者　元川悦子
発行者　清田名人
発行所　株式会社内外出版社
〒110-8578 東京都台東区東上野2-1-11
電話 03-5830-0368（企画販売局）
電話 03-5830-0237（編集部）
https://www.naigai-p.co.jp

装幀　今田賢志
本文扉・表4揮毫　平岡和徳
本文DTP　中富竜人
校正　滄流社
編集　小林カイ

印刷・製本　中央精版印刷株式会社

ISBN 978-4-86257-711-5 C0075